따라 쓰며 쉽게 배워요!

# 나만의 히라가나 가타카나 쓰기노트

다락원 편집부 지음

다락원

# 나만의
# 히라가나 가타카나 쓰기노트

**지은이** 다락원 편집부
**펴낸이** 정규도
**펴낸곳** (주)다락원

**초판 1쇄 발행** 2024년 6월 12일

**편집** 이지현, 손명숙, 송화록
**디자인** 장미연, 황미연
**일러스트** FineAnggo

**다락원** 경기도 파주시 문발로 211
**내용문의:** (02)736-2031 내선 460~465
**구입문의:** (02)736-2031 내선 250~252
Fax: (02)732-2037
출판등록 1977년 9월 16일 제406-2008-000007호

ISBN  978-89-277-1294-7 13730

http://www.darakwon.co.kr
• 다락원 홈페이지를 방문하시면 상세한 출판 정보와 함께 동영상 강좌, MP3
  자료 등 다양한 어학 정보를 얻으실 수 있습니다.
• 다락원 홈페이지에서 『나만의 히라가나 가타카나 쓰기노트』를 검색하거나
  표지의 QR코드를 스캔하시면 MP3 파일을 듣거나 내려받으실 수 있습니다.

주변에서 일본어를 배우고자 마음먹고 서점에서 일본어책을 사 와 호기롭게 공부를 시작했지만, 일본어의 히라가나와 가타카나가 도무지 외워지지 않아서 금방 포기하고 책은 어디 간 지도 모르게 방치되는 경우를 많이 봤습니다. 아무리 열심히 들여다봐도 글자와 소리가 연결되지 않아 일본어를 도무지 읽을 수가 없다는 분도, 쓰면서 외우면 도움이 될까 싶어 히라가나 표를 가져다 놓고 종이가 뚫어져라 쳐다보며 그림 같기도 하고 암호 같기도 한 글자를 따라 쓰며 외워 보려 부단히 노력했지만 결국 외워지지 않아 내팽개쳤다는 분도 봤습니다.

지금 이 책을 사서 펼친 여러분 중에는 다시 마음을 다잡고 시작해 보려는 분도 계실 테고 처음으로 일본어를 도전해 보려는 분도 계시겠지요. 그런 분들의 마음을 떠올리며 최대한 쉽고 즐겁게 일본어를 배울 수 있도록 고민하여 교재를 만들었습니다.

이 책은 일본어를 처음 시작하는 학습자가 일본어 문자인 히라가나와 가타카나를 직접 쓰면서 배울 수 있는 교재입니다. 히라가나와 가타카나의 올바른 발음과 획순을 익혀 문자를 완벽히 읽고 쓰는 것을 목표로 하고 있습니다. 쉽게 글자를 쓸 수 있도록 획순에 따른 올바른 쓰기 방법도 'TIP'을 통해 알려 드립니다. 또한 각 글자와 관련된 다양한 일본어 단어도 같이 익히고 단어 쓰기 연습도 해 볼 수 있으며, 연습 문제를 통해 배운 내용을 다시 한번 확인하고 자신의 실력을 점검할 수 있습니다.

일본어의 문자를 다 익히고 그다음 단계로 나아가 완벽히 일본어를 읽고 쓰고 구사할 수 있는 레벨까지 도달할 수 있도록 이 책이 그 출발점이 되어 드리겠습니다. 이 책과 함께 즐겁고 쉽게 일본어 글자를 익혀 보시길 바랍니다.

다락원 편집부

# 이 책의 구성과 특징

이 책은 일본어를 처음 접하는 학습자가 히라가나와 가타카나를 직접 쓰면서 자연스럽게 익힐 수 있는 교재입니다. 생생한 그림과 함께 여러 단어를 배울 수 있고, 다양한 연습 문제를 통해 즐겁게 실력을 쌓아갈 수 있습니다.

## 시작 페이지

앞으로 배우게 될 히라가나와 가타카나를 미리 살펴보고 눈으로 익혀 봅시다.

일본인 성우의 MP3 음성과 함께 정확한 일본어 문자의 발음을 익힐 수 있습니다.

일본어 문자의 획순에 따른 올바른 쓰기 방법을 배울 수 있습니다.

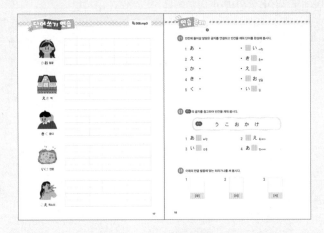

## 단어쓰기 연습

각 글자와 관련된 단어를 그림과 함께 쓰면서 쉽게 익힐 수 있습니다.

## 연습 문제

배운 내용을 연습 문제를 통해 다시 한번 확인하고 실력을 점검할 수 있습니다.

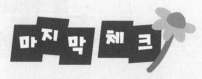

마지막으로 히라가나와 가타카나 표를 채우며 학습한
내용을 스스로 확인할 수 있습니다.

## 문장 쓰기 연습

다양한 일본어 문장을 듣고 쓰고 읽으며 익숙
해지도록 합니다.

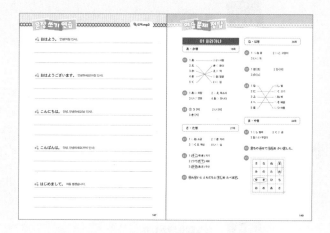

## 연습 문제 정답

연습 문제의 올바른 정답을 실었습니다.

## 학습 도우미 온라인 무료 다운로드

✦  스마트폰을 사용해 우측과 표지, 표지 안쪽의 QR코드를 찍으면 다락원 홈페이지로 이동하여 바로
   MP3 음성을 듣거나 내려받을 수 있으며, 자료실에서 추가 쓰기 연습장 PDF를 내려받을 수 있습니다.

✦  PC를 사용해 다락원 홈페이지(www.darakwon.co.kr)에서 회원 가입 후 MP3 파일과 추가 쓰기 연습장
   PDF를 무료로 내려받을 수 있습니다.

## 일러두기

1   본래 일본어에서는 한국어와 달리 띄어쓰기를 하지 않지만 일본어 입문자의 일본어 문장 구조 이해를 돕기 위해 띄어쓰기를
    하였습니다.

2   일본어의 한글 발음은 외래어 표기법과 일본어 발음 기호를 참고하되 최대한 실제 발음과 유사하게 표기하였습니다.
    정확한 발음은 MP3 음성으로 확인해 주시길 바랍니다.

# 차례

# 일본어의 문자

일본어는 히라가나, 가타카나, 한자로 이루어진 언어입니다.

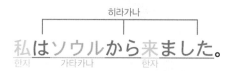

히라가나
私はソウルから来ました。
한자  가타카나  한자

\* 일본어는 한글과 달리 띄어쓰기를 하지 않습니다.

## 히라가나 (ひらがな)

히라가나는 한자의 초서체를 간단히 해서 만든 문자로, 각지지 않고 둥글둥글한 모양이 특징입니다.
일본어를 표현하는 가장 기본이 되는 문자이며, 문장의 조사나 조동사, 부사 등은 히라가나로 적습니다.

加 ➡ 加 ➡ か

## 가타카나 (カタカナ)

가타카나는 한자의 일부분을 떼어 만든 문자로, 각진 모양이 특징입니다. 외래어, 외국의 인명이나 지명,
의성어와 의태어 등을 표기하거나 문장 일부분을 특별히 강조하고 싶을 때 사용합니다.

加 ➡ 加 ➡ カ

## 한자 (漢字)

일본은 한국과 달리 신자체 한자를 사용하며, 한자를 읽을 때는 음으로 읽는 음독(音読), 뜻을 살려 읽는
훈독(訓読) 두 가지 방법으로 읽습니다. 일본어에서는 일상생활에 필요한 2,136자의 한자를 상용한자로
정하여 사용하고 있습니다.

# 01

## 히라가나

- 청음/발음
- 탁음/반탁음
- 요음
- 촉음
- 장음

# 청음

## (清音)

청음은 탁음과 반탁음을 제외한 음을 뜻하며 「ん」은 발음(撥音)이지만 청음과 같이 배웁니다. 아래와 같이 일본어 글자를 5개의 단과 10개의 행으로 나타낸 표를 오십음도라고 하는데, 그중 현재는 쓰이지 않는 문자를 제외하면 총 46개입니다.

| | あ단 | い단 | う단 | え단 | お단 |
|---|---|---|---|---|---|
| あ행 | あ<br>아 [a] | い<br>이 [i] | う<br>우 [u] | え<br>에 [e] | お<br>오 [o] |
| か행 | か<br>카 [ka] | き<br>키 [ki] | く<br>쿠 [ku] | け<br>케 [ke] | こ<br>코 [ko] |
| さ행 | さ<br>사 [sa] | し<br>시 [shi] | す<br>스 [su] | せ<br>세 [se] | そ<br>소 [so] |
| た행 | た<br>타 [ta] | ち<br>치 [chi] | つ<br>츠 [tsu] | て<br>테 [te] | と<br>토 [to] |
| な행 | な<br>나 [na] | に<br>니 [ni] | ぬ<br>누 [nu] | ね<br>네 [ne] | の<br>노 [no] |
| は행 | は<br>하 [ha] | ひ<br>히 [hi] | ふ<br>후 [fu] | へ<br>헤 [he] | ほ<br>호 [ho] |
| ま행 | ま<br>마 [ma] | み<br>미 [mi] | む<br>무 [mu] | め<br>메 [me] | も<br>모 [mo] |
| や행 | や<br>야 [ya] | | ゆ<br>유 [yu] | | よ<br>요 [yo] |
| ら행 | ら<br>라 [ra] | り<br>리 [ri] | る<br>루 [ru] | れ<br>레 [re] | ろ<br>로 [ro] |
| わ행 | わ<br>와 [wa] | | | | を<br>오 [o] |
| 발음 | ん<br>응 [n] | | | | |

あ 아 [a]

알아
두기

모음「あ」는 우리말의 [아]와 발음이 비슷합니다. 약간 입을 크게 해서 발음합니다.

TIP

두 번째 획은 살짝 곡선으로 긋고, 세 번째 획은 위에서부터 시작하여 시작점을 지나도록 곡선을 긋습니다.

あい 사랑

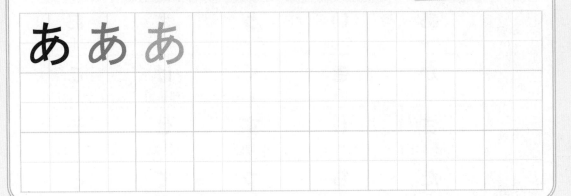

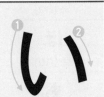

い 이 [i]

알아
두기

모음「い」는 우리말의 [이]와 비슷하게 발음합니다.

TIP

첫 번째 획은 두 번째 획과 이어질 듯이 살짝 위로 삐치어 마무리하고, 두 번째 획은 짧게 긋습니다.

いい 좋다

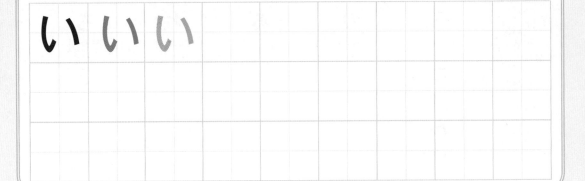

우 [u]

모음 「う」는 우리말의 [우]와 [으]의 중간 음으로 발음합니다. 입술을 많이 내밀지 않도록 주의하세요.

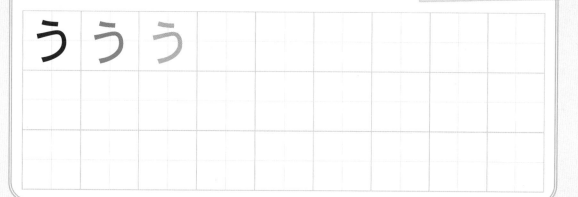

**TIP** 두 번째 획은 살짝 오른쪽 위로 긋다 둥글게 꺾어 내려옵니다.

あう 만나다

| う | う | う | | | |
|---|---|---|---|---|---|
| | | | | | |
| | | | | | |

에 [e]

모음 「え」는 우리말의 [에]와 비슷하게 발음합니다.

**TIP** 첫 번째 획은 오른쪽 아래로 살짝 비스듬히 긋고 두 번째 획은 한 번에 긋습니다.

いえ 집

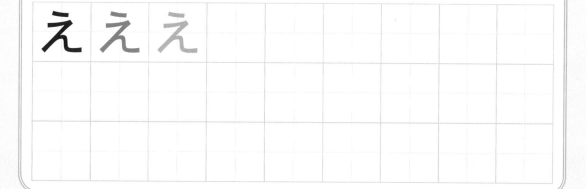

| え | え | え | | | |
|---|---|---|---|---|---|
| | | | | | |
| | | | | | |

모음「お」는 우리말의 [오]와 비슷하게 발음
합니다.

# お

오 [o]

**TIP** 두 번째 획은 아래로 쭉 그은 다음 끊지 않고 시계
방향으로 부드럽게 둥글립니다.

あお 파랑

おおお

---

## あ vs お

「あ[a]」는 위에서 내려오는 두 번째 획이 끊어지고 세 번째 획이 시작되지만, 「お[o]」는 위에서 내려오는 두 번째
획이 그대로 이어져 반원 모양을 만들며 오른쪽 위에 점이 있습니다.

| あ | | | | | | |
|---|---|---|---|---|---|---|
| お | | | | | | |

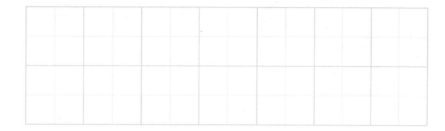

あい 사랑

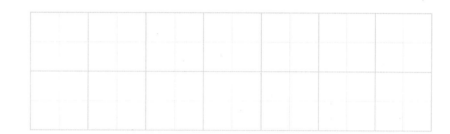

いい 좋다

あう 만나다

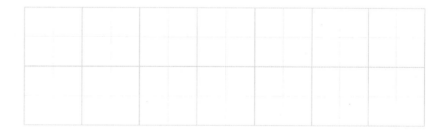

いえ 집

あお 파랑

 **か행** かきくけこ

 알아두기

우리말의 [카]와 비슷하게 발음하되, 어두에서 [k] 소리를 너무 강하지 않게 발음합니다.

**か**

카 [ka]

**TIP** 첫 번째 획은 살짝 오른쪽 위로 향하게 가로선을 긋고 부드럽게 꺾어 아래로 내린 뒤, 위로 삐치어 마무리합니다. 세 번째 획은 첫 번째 획과 공간을 두고 비스듬히 짧은 선을 긋습니다.

 かお 얼굴

か か か

 알아두기

우리말의 [키]와 비슷하게 발음하되, 어두에서 [k] 소리를 너무 강하지 않게 발음합니다.

**き**

키 [ki]

**TIP** 왼쪽으로 살짝 기울어지게 글씨를 적습니다. 세 번째 획과 네 번째 획은 글씨체에 따라 붙여 쓰기도 하고 띄어 쓰기도 합니다.

 えき 역

き き き

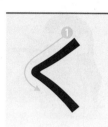

쿠 [ku]

우리말의 [쿠]와 [크]의 중간 음으로 발음하되, 어두에서 [k] 소리를 너무 강하지 않게 발음합니다.

**TIP** 홑화살괄호(〈)와 비슷한 모양이지만 더 작게 벌어지고 덜 각지게 선을 긋습니다.

き〈 듣다

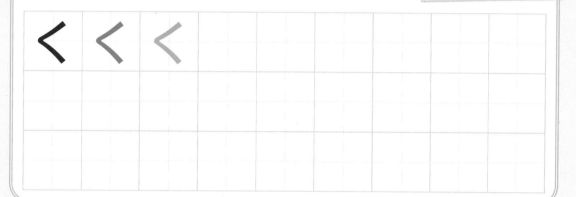

케 [ke]

우리말의 [케]와 비슷하게 발음하되, 어두에서 [k] 소리를 너무 강하지 않게 발음합니다.

**TIP** 첫 번째 획과 세 번째 획은 살짝 안쪽으로 둥글게 긋습니다.

いけ 연못

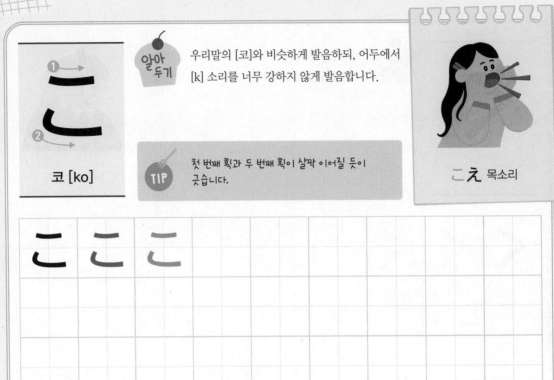

# か행  かきくけこ

こ
① ②
코 [ko]

**알아두기** 우리말의 [코]와 비슷하게 발음하되, 어두에서 [k] 소리를 너무 강하지 않게 발음합니다.

**TIP** 첫 번째 획과 두 번째 획이 살짝 이어질 듯이 긋습니다.

こえ 목소리

こ こ こ

16

**かお** 얼굴

**えき** 역

**きく** 듣다

**いけ** 연못

**こえ** 목소리

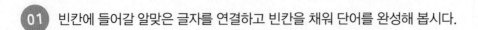 

**01** 빈칸에 들어갈 알맞은 글자를 연결하고 빈칸을 채워 단어를 완성해 봅시다.

1 あ •

2 え •

3 か •

4 き •

5 く •

• 　い 사랑

• き　 듣다

• え　 역

• 　お 얼굴

• い　 집

**02** 보기 의 글자를 참고하여 빈칸을 채워 봅시다.

보기 　う　こ　お　か　け

1 あ　 파랑

2 　え 목소리

3 い　 연못

4 あ　 만나다

**03** 아래의 한글 발음에 맞는 히라가나를 써 봅시다.

1

[우]

2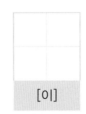

[이]

3

[키]

사 [sa]

 알아두기　우리말의 [사]와 비슷하게 발음합니다.

**TIP** 왼쪽으로 살짝 기울어지게 글자를 씁니다. 두 번째 획과 세 번째 획은 글씨체에 따라 붙여 쓰기도 하고 떼어 쓰기도 합니다.

かさ 우산

| さ | さ | さ | | | | | |
|---|---|---|---|---|---|---|---|
| | | | | | | | |
| | | | | | | | |

시 [shi]

 알아두기　우리말의 [시]와 비슷하게 발음합니다.

**TIP** 아래로 쭉 내리다가 끝에서 둥글게 위로 삐치어 마무리합니다.

しお 소금

| し | し | し | | | | | |
|---|---|---|---|---|---|---|---|
| | | | | | | | |
| | | | | | | | |

 알아두기

우리말의 [수]와 [스]의 중간 음으로 발음합니다.

스 [su]

 TIP 두 번째 획은 아래로 내리다 시계 방향으로 둥글게 돌린 다음 살짝 왼쪽으로 내려 마무리합니다.

 い**す** 의자

す す す

 알아두기

우리말의 [세]와 비슷하게 발음합니다.

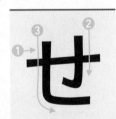

세 [se]

 TIP 세 번째 획은 두 번째 획의 시작점보다 살짝 낮게 시작하며 한글의 'ㄴ'보다 둥글게 마무리합니다.

 **せ**き 자리

そ 소 [so]

우리말의 [소]와 비슷하게 발음합니다.

처음에는 살짝 오른쪽 위로 향하게 가로선을 긋고 끝기지 않도록 남은 선을 긋습니다. 서체에 따라 모양이 달라지기도 합니다.

そこ 거기

そ そ そ

## き vs さ

헷갈리기 쉬운 두 글자의 차이점은 가로획의 개수입니다. 「き[ki]」는 가로획이 2개이지만, 「さ[sa]」는 가로획을 1개만 긋습니다.

き

さ

21

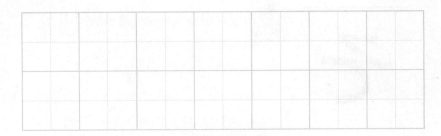

🔊 007.mp3

かさ 우산

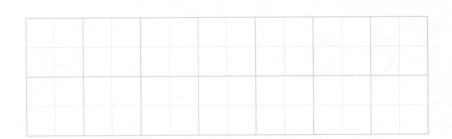

しお 소금

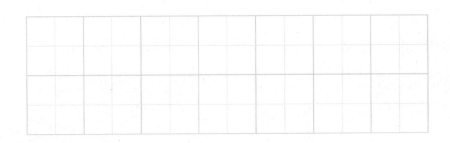

いす 의자

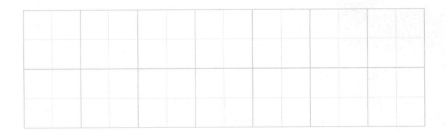

せき 자리

そこ 거기

타 [ta]

 우리말의 [타]와 비슷하게 발음하되, [t] 소리는 어두에서 조금 약하게 발음합니다.

**TIP** 1, 2번 획과 3, 4번 획 사이에 공간을 둡니다. 3번 획은 살짝 위를 향하게 긋고 4번 획은 아래를 향하게 긋습니다.

 うた 노래

치 [chi]

 우리말의 [치]와 비슷하게 발음하되, [ch] 소리는 어두에서 조금 약하게 발음합니다. [ti]가 아닌 [chi]로 발음함에 주의합니다.

**TIP** 첫 번째 획은 살짝 위로 향하게 긋습니다. 두 번째 획은 왼쪽으로 약간 비스듬히 긋고 둥글게 회감습니다.

 くち 입

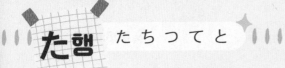

츠 [tsu]

알아두기 우리말의 [츠]와 [쯔]의 중간 음으로 발음합니다.

TIP 원형보단 타원형에 가깝게 긋습니다.

つ く え 책상

つ つ つ

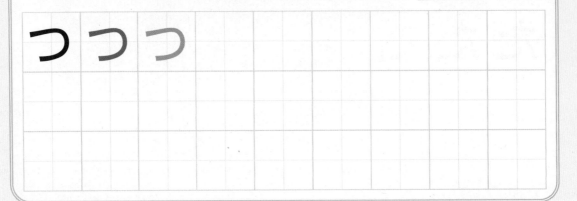

て [te]

알아두기 우리말의 [테]와 비슷하게 발음하되, [t] 소리는 어두에서 조금 약하게 발음합니다.

TIP 가로로 직선을 긋고 아래로 확 꺾으며 곡선으로 내려와 마무리합니다.

た て 세로

て て て

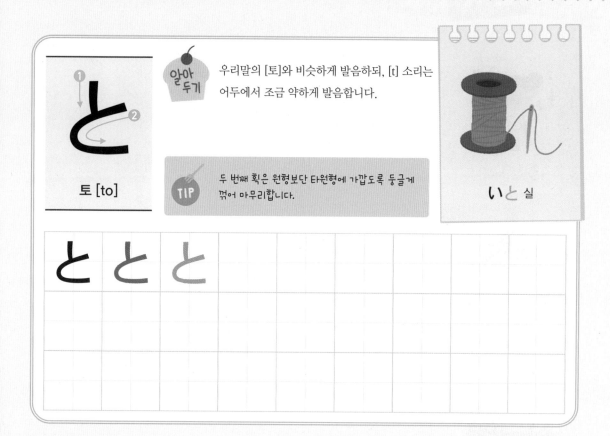

알아
두기 우리말의 [토]와 비슷하게 발음하되, [t] 소리는
어두에서 조금 약하게 발음합니다.

토 [to]

TIP 두 번째 획은 원형보단 타원형에 가깝도록 둥글게
꺾어 마무리합니다.

いと 실

| と | と | と | | | | | |
|---|---|---|---|---|---|---|---|
| | | | | | | | |
| | | | | | | | |

## さ vs ち

헷갈리기 쉬운 두 글자의 차이점은 글자의 방향입니다. 「さ[sa]」는 살짝 왼쪽으로 기울어지게 글자를 쓰고 왼쪽
으로 둥글려 마무리하지만, 「ち[chi]」는 두 번째 획을 오른쪽으로 둥글려 마무리합니다.

| さ | | | | | | | |
|---|---|---|---|---|---|---|---|
| ち | | | | | | | |

うた 노래

くち 입

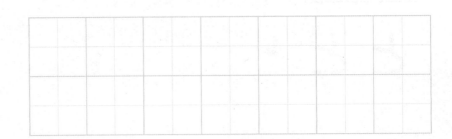

つくえ 책상

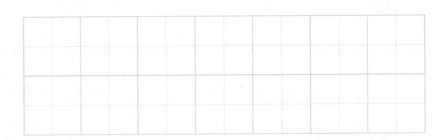

たて 세로

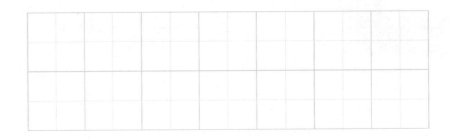

いと 실

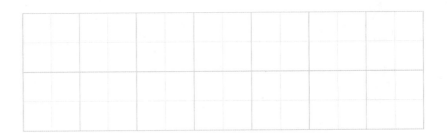

**01** 보기 의 글자를 참고하여 빈칸을 채워 봅시다.

보기　　と　せ　ち　つ　し

**1** ☐ お 소금　　　　　**2** ☐ き 자리

**3** ☐ くえ 책상　　　**4** い ☐ 실

**02** 그림에 알맞은 단어를 골라 O 표하고 다시 한번 써 봅시다.

**1**

| そこ |
| そき |

**2**

| って |
| たて |

**3**

| かさ |
| あさ |

_____　　　_____　　　_____

**03** 다음 보기 의 글자 중 히라가나 さ행에 해당하는 글자에 O를 해 봅시다.

보기　**せんせいと　ともだちと　すしを　たべます。**
선생님과 친구와 초밥을 먹습니다.

27

나 [na]

알아
두기

우리말의 [나]와 비슷하게 발음합니다.

 TIP

첫 번째 획은 살짝 오른쪽 위를 향하게 긋고 두 번째 획은 왼쪽 아래로 비스듬히 긋습니다. 그리고 충분한 공간을 두고 다음 획을 그어 나갑니다.

なつ 여름

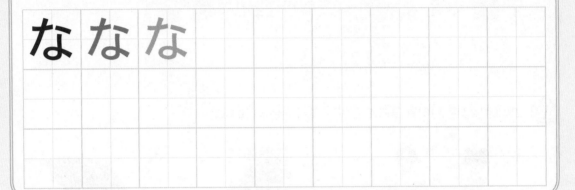

な な な

に [ni]

알아
두기

우리말의 [니]와 비슷하게 발음합니다.

 TIP

첫 번째 획은 살짝 둥글게 긋습니다. 두 번째 획은 살짝 위로, 세 번째 획은 살짝 아래로 향하게 긋습니다.

にく 고기

に に に

 알아
두기

우리말의 [누]와 비슷하게 발음하되, 입술을
너무 앞으로 내밀지 않도록 유의합니다.

누 [nu]

 TIP

첫 번째 획은 길게 그어 두 번째 획보다 삐져나오게
합니다.

いぬ 개

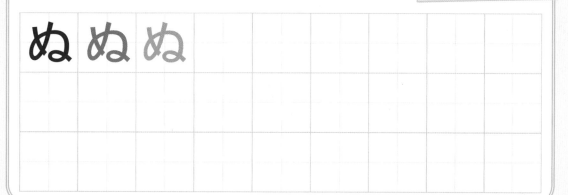

ぬ ぬ ぬ

 알아
두기

우리말의 [네]와 비슷하게 발음합니다.

네 [ne]

 TIP

첫 번째 획을 기준 삼아 왼쪽에 'ㄱ' 모양을 긋는다
는 느낌으로 꺾은 뒤 오른쪽으로 넘어가 둥글게
마무리합니다.

ねこ 고양이

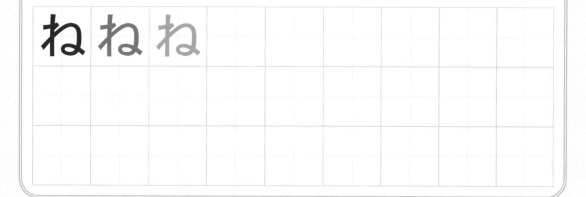

ね ね ね

노 [no]

우리말의 [노]와 비슷하게 발음합니다.

**TIP** 제일 안 쪽에서 시작해 둥근 반원을 그리며 마무리
합니다. 시작점이 반원 위로 삐져나오지 않도록 주의
합니다.

ぬ の 천

のののの

 なつ 여름

 にく 고기

 いぬ 개

 ねこ 고양이

 ぬの 천

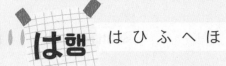 

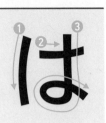

하 [ha]

 알아두기

우리말의 [하]와 비슷하게 발음합니다. 보조사 '~은/는'으로 쓰일 때는 [와]로 발음합니다.

 TIP

첫 번째 획은 살짝 둥글게 긋습니다. 마지막 획은 가로획을 뚫고 나옵니다.

はな 꽃

は は は

 ひ

히 [hi]

알아두기

우리말의 [히]와 비슷하게 발음합니다.

 TIP

약간 왼쪽에 치우친 듯이 선을 긋습니다.

ひと 사람

ひ ひ ひ

 우리말의 [후]와 비슷하게 발음합니다. 입술을 너무 내밀지 않도록 주의합니다.

**후 [fu]**

TIP 첫 번째 획은 다음 획과 이어질 듯이 삐치어 마무리 합니다.

ふね 배

ふ ふ ふ

 우리말의 [헤]와 비슷하게 발음합니다. 조사 '~으로, ~에'로 쓰일 때는 [에]로 발음합니다.

**헤 [he]**

TIP 꺾인 점을 기준으로 오른쪽 부분이 더 길어지도록 긋습니다.

へそ 배꼽

へ へ へ

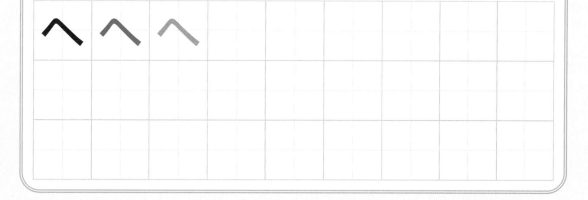

ほ

호 [ho]

알아
두기

우리말의 [호]와 비슷하게 발음합니다.

TIP

첫 번째 획은 살짝 둥글게 긋습니다. 마지막 획이
위로 튀어나오지 않도록 주의합니다.

ほし 별

ほ ほ ほ

확인하기

は vs ほ

헷갈리기 쉬운 두 글자의 차이는 가로획이 다르다는 점입니다. 「は[ha]」는 가로획이 하나이고 세로획이 가로획을
뚫고 나오지만, 「ほ[ho]」는 가로획이 두 개이며 세로획을 뚫고 나오지 않습니다.

は

ほ

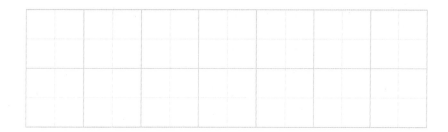

はな 꽃

ひと 사람

ふね 배

へそ 배꼽

ほし 별

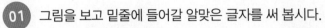

**01** 그림을 보고 밑줄에 들어갈 알맞은 글자를 써 봅시다.

1

___な

2

___こ

3

い___

**02** 아래의 한글 발음에 맞는 히라가나를 써 봅시다.

1

[호]

2

[히]

3

[노]

**03** 빈칸에 들어갈 알맞은 글자를 연결하고 빈칸을 채워 단어를 완성해 봅시다.

1 な ·

2 に ·

3 ふ ·

4 へ ·

5 ほ ·

· ▢ し 별

· ▢ く 고기

· ▢ ね 배

· ▢ そ 배꼽

· ▢ つ 여름

마 [ma]

 알아두기

우리말의 [마]와 비슷하게 발음합니다.

**TIP** 두 번째 획은 첫 번째 획보다 살짝 짧게 긋습니다.

くま 곰

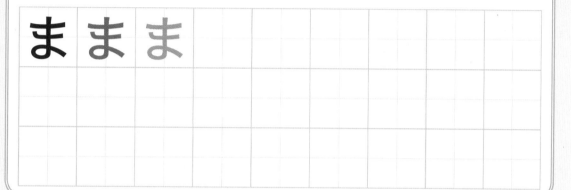

---

미 [mi]

 알아두기

우리말의 [미]와 비슷하게 발음합니다.

**TIP** 첫 번째 획은 살짝 오른쪽 위로 긋다가 아래로 꺾어 부드럽게 시계 방향으로 돌린 후 오른쪽 아래로 향하며 마무리합니다. 두 번째 획은 앞 획의 끝보다 약간 앞에서 관통하도록 긋습니다.

みせ 가게

  ま행　まみむめも

무 [mu]

 알아두기 우리말의 [무]와 비슷하게 발음합니다. 입술을 앞으로 너무 내밀지 않도록 주의합니다.

 TIP 두 번째 획은 아래로 내리다 둥글게 돌린 다음 둥근 'ㄴ'자로 꺾어 쭉 긋다 위로 삐치어 마무리합니다.

むし 벌레

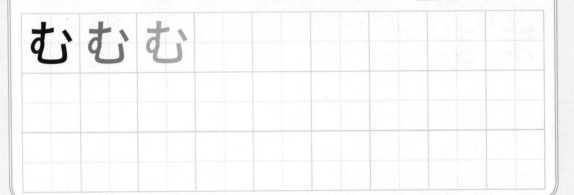

むむむ

---

메 [me]

 알아두기 우리말의 [메]와 비슷하게 발음합니다.

 TIP 첫 번째 획은 길게 그어 두 번째 획보다 삐져나오게 합니다.

 まめ 콩

めめめ

も
모 [mo]

**알아두기** 우리말의 [모]와 비슷하게 발음합니다.

**TIP** 가로획이 아닌 세로획부터 긋습니다. 첫 번째 획은 「し」처럼 아래로 쭉 내려가다 부드럽게 위로 꺾어 마무리합니다.

お**も**い 무겁다

| も | も | も |  |  |  |  |
|---|---|---|---|---|---|---|
|  |  |  |  |  |  |  |
|  |  |  |  |  |  |  |

## ぬ vs め

헷갈리기 쉬운 두 글자의 차이는 두 번째 획의 모양이 다르다는 점입니다. 「ぬ[nu]」는 두 번째 획에서 돼지 꼬리 모양을 그리며 마무리하지만, 「め[me]」는 두 번째 획에서 「の」를 쓰듯 동그란 반원을 그리며 마무리합니다.

| ぬ |  |  |  |  |  |
|---|---|---|---|---|---|
| め |  |  |  |  |  |

くま 곰

みせ 가게

むし 벌레

まめ 콩

おもい 무겁다

알아
두기　　우리말의 [야]와 비슷하게 발음합니다.

야 [ya]

**TIP** 가로획을 먼저 긋습니다. 첫 번째 획은 약간 위로 향하다 살짝 내려오며 부드럽게 꺾어 마무리합니다.

や**ま** 산

알아
두기　　우리말의 [유]와 비슷하게 발음합니다.

유 [yu]

**TIP** 첫 번째 획은 다음 획과 이어질 듯이 위로 삐치어 마무리합니다.

ゆ**き** 눈

요 [yo]

 우리말의 [요]와 비슷하게 발음합니다.

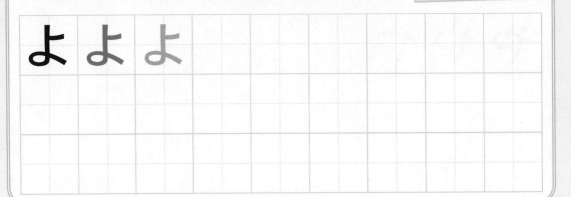

TIP 두 번째 획은 직선으로 내리다 왼쪽에 치우치도록 감아준 후 살짝 오른쪽 아래로 내려 마무리합니다.

よこ 옆

よ よ よ

やま 산

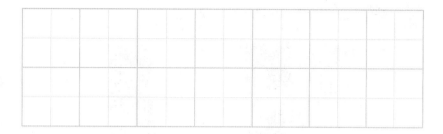

ゆき 눈

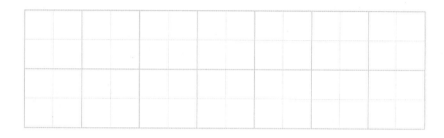

よこ 옆

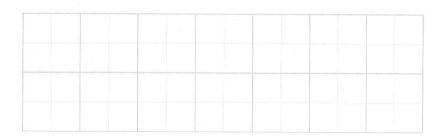

**01** 보기의 글자를 참고하여 빈칸을 채워 봅시다.

1     2     3

| □ し | く □ | お □ い |

보기     も よ む ま や

**02** 다음 보기의 글자 중 히라가나 ま행에 해당하는 글자에 ○를 해 봅시다.

보기     **まちの みせで ももを かいました。**
동네 가게에서 복숭아를 샀습니다.

**03** 그림을 보고 알맞은 단어를 찾아 ○를 해 봅시다.

| さ | な | ぬ | ま |
|---|---|---|---|
| み | の | た | め |
| ゆ | き | ひ | ち |
| お | め | あ | さ |

1

2

 우리말의 [라]와 비슷하게 발음합니다.

라 [ra]

**TIP** 두 번째 획은 곡선으로 내려오다 꺾은 후 약간 위를 향하게 그으며 둥글게 꺾어 내려옵니다.

さくら 벚꽃

---

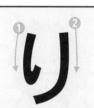

 우리말의 [리]와 비슷하게 발음합니다.

리 [ri]

**TIP** 첫 번째 획은 다음 획과 이어질 듯이 위로 삐치어 마무리하고, 두 번째 획은 첫 번째 획보다 길게 긋습니다.

とり 새

りりり

**る**

루 [ru]

 알아두기

우리말의 [루]와 [르]의 중간 음으로 발음합니다.

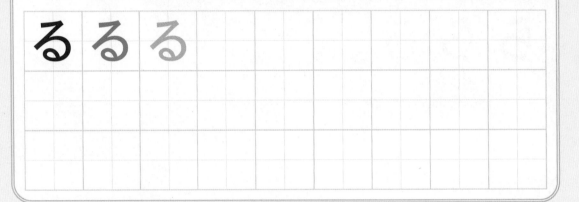

**TIP** 확실한 두 개의 각을 만들고 동그랗게 말아 마무리합니다.

く**る**ま 차

| る | る | る | | | | | |
|---|---|---|---|---|---|---|---|
| | | | | | | | |
| | | | | | | | |

**れ**

레 [re]

알아두기

우리말의 [레]와 비슷하게 발음합니다.

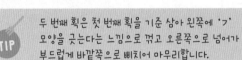

**TIP** 두 번째 획은 첫 번째 획을 기준 삼아 왼쪽에 'フ' 모양을 긋는다는 느낌으로 꺾고 오른쪽으로 넘어가 부드럽게 바깥쪽으로 삐치어 마무리합니다.

は**れ** 맑음

| れ | れ | れ | | | | | |
|---|---|---|---|---|---|---|---|
| | | | | | | | |
| | | | | | | | |

우리말의 [로]와 비슷하게 발음합니다.

① **ろ**

로 [ro]

**TIP** 「る」와 비슷하게 쓰되 마지막은 동그랗게 말지 않고 열린 채로 마무리합니다.

いろ 색, 색깔

| ろ | ろ | ろ | | | | |
|---|---|---|---|---|---|---|
| | | | | | | |
| | | | | | | |

## 확인하기

### る vs ろ

「る[ru]」는 두 번째 꼭짓점에서 꺾어 둥글게 내려오며 안쪽으로 동그랗게 말아 마무리하고, 「ろ[ro]」는 마찬가지로 두 번째 꼭짓점에서 꺾어 둥글게 내려오되 안으로 말지 않고 열린 채로 마무리합니다.

| る | | | | | | |
|---|---|---|---|---|---|---|
| ろ | | | | | | |

 さくら 벚꽃

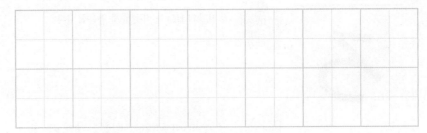

 とり 새

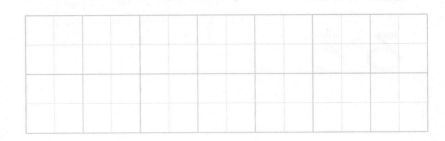

 くるま 차

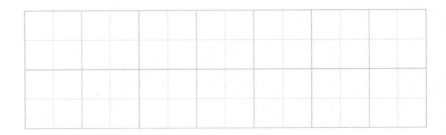

 はれ 맑음

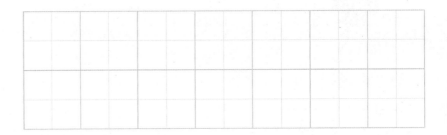

 いろ 색, 색깔

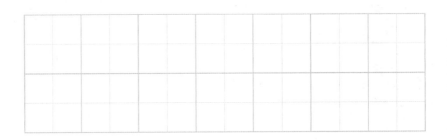

**わ행**　わ　を

🔊 **020.mp3**

와 [wa]

**알아두기** 우리말의 [와]와 비슷하게 발음합니다.

**TIP** 세로획은 중심선보다 약간 왼쪽으로 치우치게 긋습니다. 두 번째 획은 세로획 왼쪽에서 두 개의 각을 만든 후 오른쪽으로 둥글게 휘감아 마무리합니다.

わたし 나, 저

わ　わ　わ

오 [o]

**알아두기** 우리말의 [오]와 비슷하게 발음합니다. 「を」는 목적격 조사 '~을/를'의 뜻으로만 쓰입니다.

**TIP** 첫 번째 획과 두 번째 획은 「ち」와 비슷하게 긋되, 끝을 짧게 해서 마무리합니다. 세 번째 획은 끝이 시작점 밖으로 나가지 않도록 주의합니다.

うたをきく
노래를 듣다

を　を　を

49

🔍 021.mp3

わたし 나, 저

うたをきく 노래를 듣다

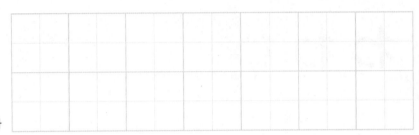

확인하기

## ね vs れ vs わ

헷갈리기 쉬운 세 글자는 두 번째 획의 모양이 다릅니다. 「ね[ne]」는 안으로 둥글게 감아 돼지 꼬리 모양으로 마무리하고, 「れ[re]」는 아래로 내려오다 오른쪽 위로 삐치어 마무리합니다. 마지막으로 「わ[wa]」는 아래로 둥글게 내려 마무리합니다.

| ね | | | | | | |
|---|---|---|---|---|---|---|
| れ | | | | | | |
| わ | | | | | | |

## 연습 문제

**01** 그림을 보고 알맞은 단어를 찾아 O를 해 봅시다.

| い | わ | や | ま |
|---|---|---|---|
| あ | の | た | に |
| ゆ | は | ひ | し |
| お | く | る | ま |

1

2

**02** 다음 보기 의 글자 중 히라가나 ら행에 해당하는 글자에 O를 해 봅시다.

보기 **もりには いろいろな さると くまが います。**
숲에는 여러 원숭이와 곰이 있습니다.

**03** 보기 의 글자를 참고하여 빈칸을 채워 봅시다.

보기 **わ　り　れ　ら　ろ**

1 い ☐ 색, 색깔

2 は ☐ 맑음

3 と ☐ 새

4 さく ☐ 벚꽃

응 [n]

알아두기

 우리말의 받침과 비슷한 역할을 하며 단어 맨 앞에 오지 않습니다. 읽을 때는 뒤에 오는 글자에 따라 자연스럽게 [ㄴ/ㅁ/ㅇ] 으로 발음합니다. 또한 「ん」은 한 박자로 발음해야 합니다.

TIP  오른쪽으로 약간 기울어지게 쓰며 부드럽게 위로 삐치어 마무리합니다.

みかん 귤

| ん | ん | ん | | | | | |
|---|---|---|---|---|---|---|---|
| | | | | | | | |
| | | | | | | | |
| | | | | | | | |

## 단어쓰기 연습 ++++++++++++++++++++++++++++++++++++++++++

| み | か | ん | | | | | | |
|---|---|---|---|---|---|---|---|---|

귤

| か | ん | じ | | | | | | |
|---|---|---|---|---|---|---|---|---|

한자

| て | ん | き | | | | | | |
|---|---|---|---|---|---|---|---|---|

날씨

| ほ | ん | や | | | | | | |
|---|---|---|---|---|---|---|---|---|

서점

히라가나 표의 빈칸을 채우며 다시 한번 확인해 봅시다.

|  | あ단 | い단 | う단 | え단 | お단 |
|---|---|---|---|---|---|
| あ행 |  |  |  |  |  |
| か행 |  |  |  |  |  |
| さ행 |  |  |  |  |  |
| た행 |  |  |  |  |  |
| な행 |  |  |  |  |  |
| は행 |  |  |  |  |  |
| ま행 |  |  |  |  |  |
| や행 |  |  |  |  |  |
| ら행 |  |  |  |  |  |
| わ행 |  |  |  |  |  |
| 발음 |  |  |  |  |  |

## 탁음 반탁음
## (濁音) (半濁音)

### 1 탁음

탁음은 「か・さ・た・は」행 글자의 오른쪽 위에 탁점( ゛)을 붙여 표기하며 청음과 다르게 발음합니다.

| が | ぎ | ぐ | げ | ご |
|---|---|---|---|---|
| 가 [ga] | 기 [gi] | 구 [gu] | 게 [ge] | 고 [go] |
| ざ | じ | ず | ぜ | ぞ |
| 자 [za] | 지 [ji] | 즈 [zu] | 제 [ze] | 조 [zo] |
| だ | ぢ | づ | で | ど |
| 다 [da] | 지 [ji] | 즈 [zu] | 데 [de] | 도 [do] |
| ば | び | ぶ | べ | ぼ |
| 바 [ba] | 비 [bi] | 부 [bu] | 베 [be] | 보 [bo] |

### 2 반탁음

반탁음은 일본어의 「は」행에서만 사용하며 「は」행 글자의 오른쪽 위에 반탁점( ゜)을 붙여 표기합니다.

| ぱ | ぴ | ぷ | ぺ | ぽ |
|---|---|---|---|---|
| 파 [pa] | 피 [pi] | 푸 [pu] | 페 [pe] | 포 [po] |

우리말의 [가], [기], [구], [게], [고]와 비슷하게 발음하지만 「ぐ」는 입술을 동그랗게 모으지 않고 발음합니다. 「が」는 「か」의 세 번째 획과 탁점이 같은 크기로 나란히 오지 않도록 주의합니다.

**が** 가 [ga]

てがみ 편지

**ぎ** 기 [gi]

うさぎ 토끼

**ぐ** 구 [gu]

かぐ 가구

**げ** 게 [ge]

ひげ 수염

**ご** 고 [go]

いちご 딸기

「ざ」행은 영어의 [z]와 비슷하게 발음하며 「ず」는 입술을 동그랗게 모으지 않고 발음합니다.

자 [za]

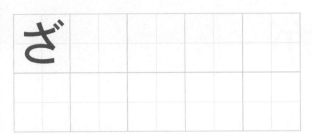

かざり 장식

지 [ji]

かじ 화재

즈 [zu]

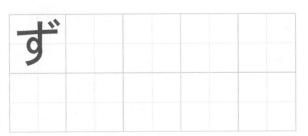

ねずみ 쥐

제 [ze]

ぜ

かぜ 바람

ぞ
조 [zo]

ぞ

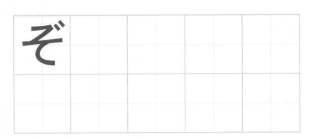

かぞく 가족

# だ행　だぢづでど

우리말의 [다], [지], [즈], [데], [도]와 비슷하게 발음합니다. 「ぢ」는 「じ」와 발음이 같고 「づ」는 「ず」와 발음이 같은데, 「ぢ」와 「づ」는 두 단어가 결합한 복합어 외에는 잘 쓰이지 않습니다.

| | | |
|---|---|---|
| **だ**<br>다 [da] |  | <br>ともだち 친구 |
| **ぢ**<br>지 [ji] |  | <br>はなぢ 코피 |
| **づ**<br>즈 [zu] |  | <br>こづつみ 소포 |
| **で**<br>데 [de] |  | <br>でぐち 출구 |
| **ど**<br>도 [do] | | <br>みどり 녹색, 초록 |

57

# ば행 ばびぶべぼ

우리말의 [바], [비], [부], [베], [보]와 비슷하게 발음합니다. 「ぶ」를 발음할 때 입술을 너무 내밀지 않도록 주의합니다.

| | | | | |
|---|---|---|---|---|

바 [ba]

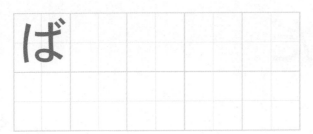

そば 옆

비 [bi]

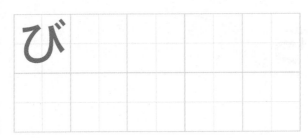

はなび 불꽃놀이

부 [bu]

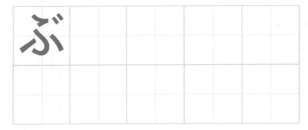

てぶくろ 장갑

베 [be]

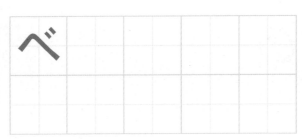

かべ 벽

보 [bo]

そぼ 할머니

58

**ぱ행** ぱ ぴ ぷ ぺ ぽ ||||||||||||||||||||||||||||||||||||||| 🔍 **028.mp3** ||||||

우리말의 [파], [피], [푸], [페], [포]와 비슷하게 발음하되, 단어 중간이나 끝에서는 'ㅃ' 소리에 가깝게 발음합니다. 「ぷ」를 발음할 때는 입술을 너무 내밀지 않도록 주의합니다.

| | | | | | |
|---|---|---|---|---|---|
|  ぱ<br>파 [pa] | ぱ | | | | <br>**ぱちぱち** 짝짝 |
|  ぴ<br>피 [pi] | ぴ | | | | <br>**ぴかぴか** 반짝반짝 |
|  ぷ<br>푸 [pu] | ぷ | | | | <br>**ぷるぷる** 탱탱<br>(탄력 있는 모습) |
|  ぺ<br>페 [pe] | ぺ | | | | <br>**ぺらぺら**<br>술술 |
|  ぽ<br>포 [po] | ぽ | | | | <br>**さんぽ** 산책 |

| てがみ 편지 | | |
| --- | --- | --- |

| うさぎ 토끼 | | |
| --- | --- | --- |

| かぐ 가구 | | |
| --- | --- | --- |

| ひげ 수염 | | |
| --- | --- | --- |

| いちご 딸기 | | |
| --- | --- | --- |

| かざり 장식 | | |
| --- | --- | --- |

| かじ 화재 | | |
| --- | --- | --- |

| ねずみ 쥐 | | |
| --- | --- | --- |

| かぜ 바람 | | |
| --- | --- | --- |

| かぞく 가족 | | |
| --- | --- | --- |

| ともだち 친구 | | |
| --- | --- | --- |

| はなぢ 코피 | | |
| --- | --- | --- |

こづつみ 소포

でぐち 출구

みどり 녹색, 초록

そば 옆

はなび 불꽃놀이

てぶくろ 장갑

かべ 벽

そぼ 할머니

ぱちぱち 짝짝

ぴかぴか 반짝반짝

ぷるぷる 탱탱

ぺらぺら 술술

さんぽ 산책

## 요음

### (拗音)

요음은 「き·し·ち·に·ひ·み·り·ぎ·じ·び·ぴ」 옆에 「や」, 「ゆ」, 「よ」를 작게 붙여 표기합니다. 또한 요음은 두 글자이지만 한 박의 길이로 발음합니다.

| | | | | | |
|---|---|---|---|---|---|
| きゃ<br>캬 [kya] | きゅ<br>큐 [kyu] | きょ<br>쿄 [kyo] | ぎゃ<br>갸 [gya] | ぎゅ<br>규 [gyu] | ぎょ<br>교 [gyo] |
| しゃ<br>샤 [sha] | しゅ<br>슈 [shu] | しょ<br>쇼 [sho] | じゃ<br>쟈 [ja] | じゅ<br>쥬 [ju] | じょ<br>죠 [jo] |
| ちゃ<br>챠 [cha] | ちゅ<br>츄 [chu] | ちょ<br>쵸 [cho] | ぢゃ*<br>쟈 [ja] | ぢゅ*<br>쥬 [ju] | ぢょ*<br>죠 [jo] |
| にゃ<br>냐 [nya] | にゅ<br>뉴 [nyu] | にょ<br>뇨 [nyo] | ひゃ<br>햐 [hya] | ひゅ<br>휴 [hyu] | ひょ<br>효 [hyo] |
| びゃ<br>뱌 [bya] | びゅ<br>뷰 [byu] | びょ<br>뵤 [byo] | ぴゃ<br>퍄 [pya] | ぴゅ<br>퓨 [pyu] | ぴょ<br>표 [pyo] |
| みゃ<br>먀 [mya] | みゅ<br>뮤 [myu] | みょ<br>묘 [myo] | りゃ<br>랴 [rya] | りゅ<br>류 [ryu] | りょ<br>료 [ryo] |

* 「ぢ」 행은 거의 쓰이지 않습니다.

| きゃ 캬 [kya] | きゃ | | | | | | | | きゃく 손님 |
| きゅ 큐 [kyu] | きゅ | | | | | | | | やきゅう 야구 |
| きょ 쿄 [kyo] | きょ | | | | | | | | きょうだい 형제 |
| ぎゃ 갸 [gya] | ぎゃ | | | | | | | | ぎゃく 반대 |
| ぎゅ 규 [gyu] | ぎゅ | | | | | | | | ぎゅうにく 소고기 |
| ぎょ 교 [gyo] | ぎょ | | | | | | | | きんぎょ 금붕어 |

| しゃ 샤 [sha] | しゃ | | | | | | |
| | | | | | | | |

いしゃ 의사

| しゅ 슈 [shu] | しゅ | | | | | | |
| | | | | | | | |

かしゅ 가수

| しょ 쇼 [sho] | しょ | | | | | | |
| | | | | | | | |

じしょ 사전

| じゃ 쟈 [ja] | じゃ | | | | | | |
| | | | | | | | |

かんじゃ 환자

| じゅ 쥬 [ju] | じゅ | | | | | | |
| | | | | | | | |

びじゅつ 미술

| じょ 죠 [jo] | じょ | | | | | | |
| | | | | | | | |

きんじょ 근처

## ち행　ちゃ ちゅ ちょ

**ちゃ**
챠 [cha]

ちゃ

**おもちゃ** 장난감

**ちゅ**
츄 [chu]

ちゅ

**ちゅうし** 중지

**ちょ**
쵸 [cho]

ちょ

**ちょきん** 저금

## にゃ
냐 [nya]

にゃ

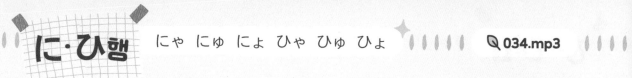

にゃ**ん** 야옹

## にゅ
뉴 [nyu]

にゅ

にゅ**うがく** 입학

## にょ
뇨 [nyo]

にょ

にょ**ろ**にょ**ろ**
꿈틀꿈틀

## ひゃ
햐 [hya]

ひゃ

ひゃ**く** 100

## ひゅ
휴 [hyu]

ひゅ

ひゅ**う** 쌩, 휙
(바람 부는 소리)

## ひょ
효 [hyo]

ひょ

**もく**ひょ**う** 목표

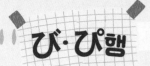
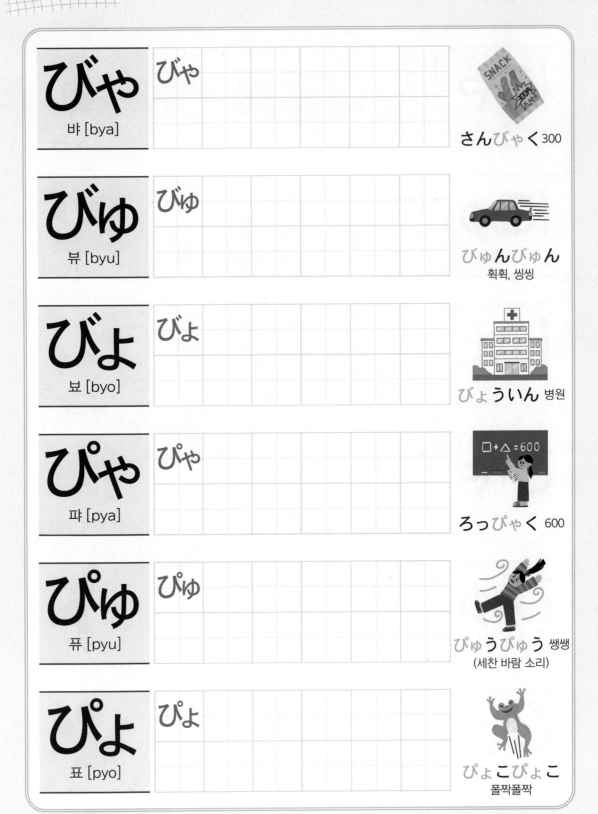

| びゃ<br>뱌 [bya] | びゃ | | | | | | さんびゃく 300 |
| びゅ<br>뷰 [byu] | びゅ | | | | | | びゅんびゅん<br>휙휙, 씽씽 |
| びょ<br>뵤 [byo] | びょ | | | | | | びょういん 병원 |
| ぴゃ<br>퍄 [pya] | ぴゃ | | | | | | ろっぴゃく 600 |
| ぴゅ<br>퓨 [pyu] | ぴゅ | | | | | | ぴゅうぴゅう 쌩쌩<br>(세찬 바람 소리) |
| ぴょ<br>표 [pyo] | ぴょ | | | | | | ぴょこぴょこ<br>폴짝폴짝 |

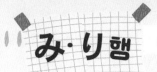
| **みゃ** 먀 [mya] | みゃ | | | | | | |
|---|---|---|---|---|---|---|---|
| | | | | | | | |

みゃく 맥

| **みゅ** 뮤 [myu] | みゅ | | | | | | |
|---|---|---|---|---|---|---|---|
| | | | | | | | |

단어 없음

| **みょ** 묘 [myo] | みょ | | | | | | |
|---|---|---|---|---|---|---|---|
| | | | | | | | |

びみょう 미묘

| **りゃ** 랴 [rya] | りゃ | | | | | | |
|---|---|---|---|---|---|---|---|
| | | | | | | | |

しょうりゃく 생략

| **りゅ** 류 [ryu] | りゅ | | | | | | |
|---|---|---|---|---|---|---|---|
| | | | | | | | |

りゅうがく 유학

| **りょ** 료 [ryo] | りょ | | | | | | |
|---|---|---|---|---|---|---|---|
| | | | | | | | |

りょうり 요리

きゃく 손님

やきゅう 야구

きょうだい 형제

ぎゃく 반대

ぎゅうにく 소고기

きんぎょ 금붕어

いしゃ 의사

かしゅ 가수

じしょ 사전

かんじゃ 환자

びじゅつ 미술

きんじょ 근처

おもちゃ 장난감

ちゅうし 중지

ちょきん 저금

にゃん 야옹

にゅうがく 유학

にょろにょろ 꿈틀꿈틀

ひゃく 100

ひゅう 쌩, 획
(바람 부는 소리)

もくひょう 목표

さんびゃく 300

びゅんびゅん 휙휙, 씽씽

びょういん 병원

| | | |
|---|---|---|
| **ろっぴゃく** 600 | | |
| **ぴゅうぴゅう** 쌩쌩 (세찬 바람 소리) | | |
| **ぴょこぴょこ** 폴짝폴짝 | | |
| **みゃく** 맥 | | |
| **びみょう** 미묘 | | |
| **しょうりゃく** 생략 | | |
| **りゅうがく** 유학 | | |
| **りょうり** 요리 | | |

**01** 빈칸에 들어갈 알맞은 글자를 연결하고 빈칸을 채워 단어를 완성해 봅시다.

1 ぎ •      • ね ▢ み 쥐

2 ご •      • いち ▢ 딸기

3 ず •      • うさ ▢ 토끼

4 だ •      • はな ▢ 불꽃놀이

5 び •      • とも ▢ ち 친구

**02** 그림을 보고 밑줄에 들어갈 알맞은 글자를 써 봅시다.

1

さん___く

2

___ち___ち

3

や___う

**03** 아래의 한글 발음에 맞는 히라가나를 써 봅시다.

1     [죠]

2     [가]

3     [데]

**04** 그림에 알맞은 단어를 골라 ○ 표하고 다시 한번 써 봅시다.

1

いしゃ

いじゅ

2

がじゅ

かしゅ

3

りゅうり

りょうり

_____ _____ _____

**05** 다음 보기의 글자 중 히라가나 탁음에 해당하는 글자에 ○를 해 봅시다.

보기 どうぶつえんに いって ぞうと とらを みました。

동물원에 가서 코끼리와 호랑이를 봤습니다.

**06** 보기의 글자를 참고하여 빈칸을 채워 봅시다.

보기 が りゃ ちゃ ざ ぽ

1 て ▢ み 편지

2 か ▢ り 장식

3 おも ▢ 장난감

4 さん ▢ 산책

74

## 촉음(つまる音)

촉음은 우리말의 받침과 유사한 역할을 하는 음으로, 「つ」를 작게 써서 표기하며 뒤에 오는 음에 영향을 받습니다. 또한 한 박자의 길이로 발음해야 합니다.

| | | | |
|---|---|---|---|
| つ ➕ か행 | [k]로 발음 ↑ <br> 예 さ つ <u>か</u> <br> か행 → | [sakka] | さっ**か** 작가 <br> がっ**き** 악기 <br> いっ**こ** 한 개 |
| つ ➕ さ행 | [s]로 발음 ↑ <br> 예 ざ つ <u>し</u> <br> さ행 → | [zasshi] | ざっ**し** 잡지 <br> いっ**しょ** 함께 <br> れっ**しゃ** 열차 |
| つ ➕ た행 | [t]로 발음 ↑ <br> 예 き つ <u>て</u> <br> た행 → | [kitte] | きっ**て** 우표 <br> まっ**ちゃ** 말차 <br> みっ**つ** 셋 |
| つ ➕ ぱ행 | [p]로 발음 ↑ <br> 예 き つ <u>ぷ</u> <br> ぱ행 → | [kippu] | きっ**ぷ** 표 <br> いっ**ぴき** 한 마리 <br> たっ**ぷり** 듬뿍 |

### 단어쓰기 연습 ✛✛✛✛✛✛✛✛✛✛✛✛✛✛✛✛✛✛✛✛✛✛✛✛✛✛✛✛✛✛

さ っ か
작가

ざ っ し
잡지

き っ て
우표

き っ ぷ
표

## 장음 (のばす音)

같은 모음이 중복될 때 앞 글자의 모음을 두 박자 길이로 길게 발음하는 것을 장음이라고 합니다. 히라가나는 장음을 「あ·い·う·え·お」로 표기합니다.

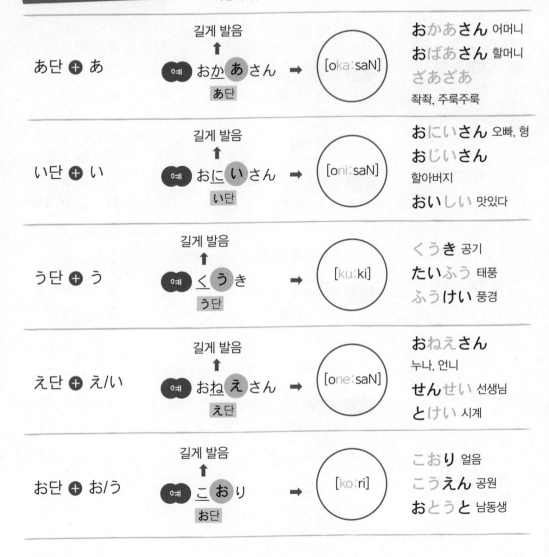

| | |
|---|---|
| あ단 ➕ あ | 길게 발음 ↑ 예 おか**あ**さん ➡ [oka:saN]  あ단 |
| い단 ➕ い | 길게 발음 ↑ 예 おに**い**さん ➡ [oni:saN]  い단 |
| う단 ➕ う | 길게 발음 ↑ 예 く**う**き ➡ [ku:ki]  う단 |
| え단 ➕ え/い | 길게 발음 ↑ 예 おね**え**さん ➡ [one:saN]  え단 |
| お단 ➕ お/う | 길게 발음 ↑ 예 こ**お**り ➡ [ko:ri]  お단 |

おかあさん 어머니
おばあさん 할머니
ざあざあ 좍좍, 주룩주룩

おにいさん 오빠, 형
おじいさん 할아버지
おいしい 맛있다

くうき 공기
たいふう 태풍
ふうけい 풍경

おねえさん 누나, 언니
せんせい 선생님
とけい 시계

こおり 얼음
こうえん 공원
おとうと 남동생

### 확인하기 ✦✦✦✦✦✦✦✦✦✦✦✦✦✦✦✦✦✦✦✦✦✦✦✦✦✦

장음의 유무에 따라 뜻이 달라지는 단어에 유의하세요.

| お | ば | あ | さ | ん | | | | | |
|---|---|---|---|---|---|---|---|---|---|

할머니

| お | ば | さ | ん | | | | | | |
|---|---|---|---|---|---|---|---|---|---|

아주머니

# 02

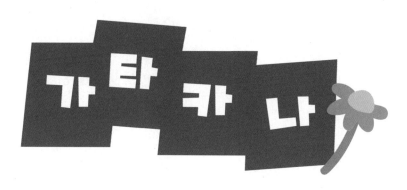

가타카나

- 청음/발음
- 탁음/반탁음
- 요음
- 촉음
- 장음

## 청음

### (清音)

청음은 탁음과 반탁음을 제외한 음을 뜻하며 「ン」은 발음(撥音)이지만 청음과 같이 배웁니다. 아래와 같이 일본어 글자를 5개의 단과 10개의 행으로 나타낸 표를 오십음도라고 하는데 그중 현재는 쓰이지 않는 글자를 제외하면 총 46개입니다.

| | ア단 | イ단 | ウ단 | エ단 | オ단 |
|---|---|---|---|---|---|
| ア행 | ア<br>아 [a] | イ<br>이 [i] | ウ<br>우 [u] | エ<br>에 [e] | オ<br>오 [o] |
| カ행 | カ<br>카 [ka] | キ<br>키 [ki] | ク<br>쿠 [ku] | ケ<br>케 [ke] | コ<br>코 [ko] |
| サ행 | サ<br>사 [sa] | シ<br>시 [shi] | ス<br>스 [su] | セ<br>세 [se] | ソ<br>소 [so] |
| タ행 | タ<br>타 [ta] | チ<br>치 [chi] | ツ<br>츠 [tsu] | テ<br>테 [te] | ト<br>토 [to] |
| ナ행 | ナ<br>나 [na] | ニ<br>니 [ni] | ヌ<br>누 [nu] | ネ<br>네 [ne] | ノ<br>노 [no] |
| ハ행 | ハ<br>하 [ha] | ヒ<br>히 [hi] | フ<br>후 [fu] | ヘ<br>헤 [he] | ホ<br>호 [ho] |
| マ행 | マ<br>마 [ma] | ミ<br>미 [mi] | ム<br>무 [mu] | メ<br>메 [me] | モ<br>모 [mo] |
| ヤ행 | ヤ<br>야 [ya] | | ユ<br>유 [yu] | | ヨ<br>요 [yo] |
| ラ행 | ラ<br>라 [ra] | リ<br>리 [ri] | ル<br>루 [ru] | レ<br>레 [re] | ロ<br>로 [ro] |
| ワ행 | ワ<br>와 [wa] | | | | ヲ<br>오 [o] |
| 발음 | ン<br>응 [n] | | | | |

 알아두기

모음 「ア」는 우리말의 [아]와 발음이 비슷합니다. 약간 입을 크게 해서 발음합니다.

아 [a]

 TIP

첫 번째 획과 다음 획은 서로 붙지 않도록 주의합니다.

アイス 얼음

---

 알아두기

모음 「イ」는 우리말의 [이]와 비슷하게 발음합니다.

이 [i]

 TIP

첫 번째 획은 살짝 곡선으로 긋습니다.

トイレ 화장실

우 [u]

모음 「ウ」는 우리말의 [우]와 [으]의 중간 음으로 발음합니다. 입술을 많이 내밀지 않도록 주의하세요.

TIP 세 번째 획은 너무 길게 긋지 않도록 주의합니다.

ウイルス 바이러스

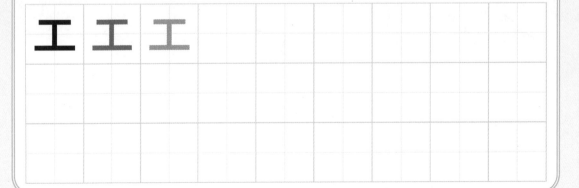

ウ ウ ウ

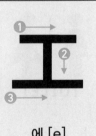

에 [e]

모음 「エ」는 우리말의 [에]와 비슷하게 발음합니다.

TIP 세 번째 획은 첫 번째 획보다 길게 긋습니다.

エリア 지역

エ エ エ

才

① → ②

③

오 [o]

알아 두기 모음 「オ」는 우리말의 [오]와 비슷하게 발음합니다.

**TIP** 두 번째 획은 중간 선보다 살짝 오른쪽에 긋고 위로 삐치어 마무리합니다.

**オイル** 오일, 기름

才　才　才

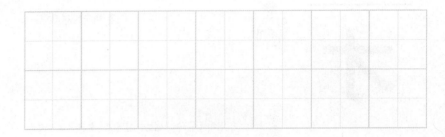

**ア イ ス** 얼음

**ト イ レ** 화장실

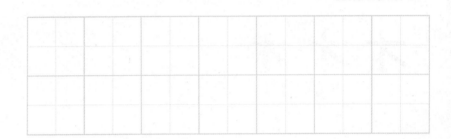

**ウ イ ル ス** 바이러스

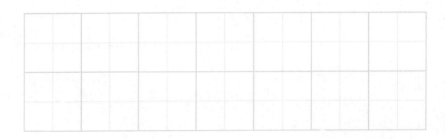

**エ リ ア** 지역

**オ イ ル** 오일, 기름

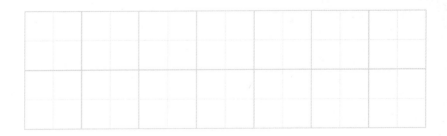

**카 [ka]**

알아 두기

우리말의 [카]와 비슷하게 발음하되, 어두에서 [k] 소리를 너무 강하지 않게 발음합니다.

 **TIP** 첫 번째 획은 살짝 위로 삐치어 마무리합니다.

**カ メ ラ** 카메라

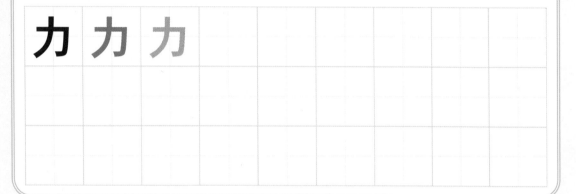

**키 [ki]**

알아 두기

우리말의 [키]와 비슷하게 발음하되, 어두에서 [k] 소리를 너무 강하지 않게 발음합니다.

 **TIP** 첫 번째 획보다 두 번째 획을 더 길게 긋고 세 번째 획은 살짝 왼쪽으로 기울어지게 긋습니다.

**テ キ ス ト**
교과서, 교재

 알아두기

쿠 [ku]

우리말의 [쿠]와 [크]의 중간 음으로 발음하되, 어두에서 [k] 소리를 너무 강하지 않게 발음합니다.

 TIP 첫 번째 획은 중심선에서 시작하여 왼쪽으로 짧게 긋습니다.

**ク ラス** 학급, 반

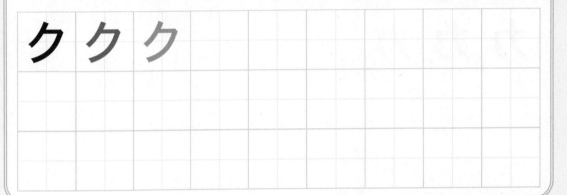

ク ク ク

 알아두기

케 [ke]

우리말의 [케]와 비슷하게 발음하되, 어두에서 [k] 소리를 너무 강하지 않게 발음합니다.

 TIP 두 개의 세로획은 살짝 둥글게 긋습니다.

**ケーキ** 케이크

ケ ケ ケ

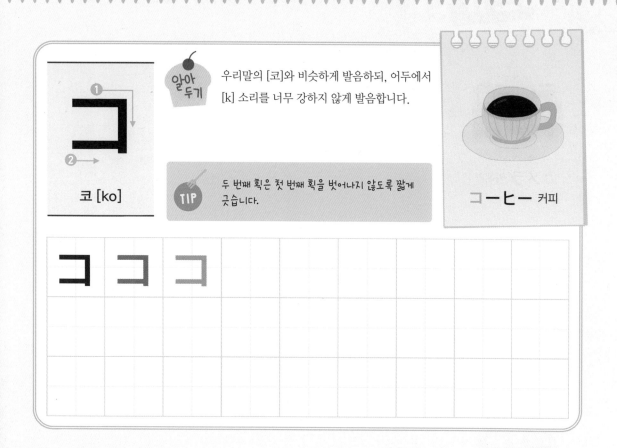

코 [ko]

우리말의 [코]와 비슷하게 발음하되, 어두에서 [k] 소리를 너무 강하지 않게 발음합니다.

TIP 두 번째 획은 첫 번째 획을 벗어나지 않도록 짧게 긋습니다.

コーヒー 커피

コ コ コ

히라가나는 장음을 「あ·い·う·え·お」로 표기하지만, 가타카나는 「ア·イ·ウ·エ·オ」로 표기하지 않고 「ー」로 표기합니다. 「ー」 앞 글자의 모음을 길게 발음합니다.

ケ ー キ

케이크

コ ー ヒ ー

커피

**カ**メラ 카메라

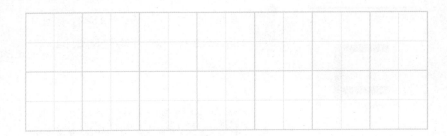

**テキスト** 교과서, 교재

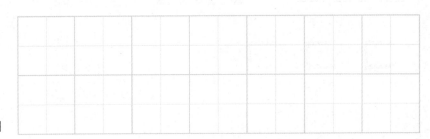

**ク**ラス 학급, 반

**ケ**ーキ 케이크

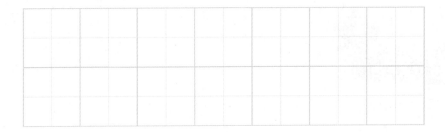

**コ**ーヒー 커피

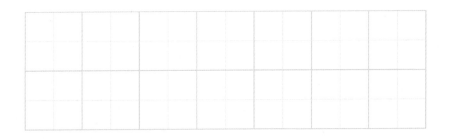

**01** 보기 의 글자를 참고하여 빈칸을 채워 봅시다.

> 보기 イ オ エ ケ カ

1 ト ☐ レ 화장실
2 ☐ メラ 카메라
3 ☐ リア 지역
4 ☐ ーキ 케이크

**02** 다음 보기 의 글자 중 가타카나 ア행과 カ행에 해당하는 글자에 O를 해 봅시다.

> 보기 コンビニで アンパンと アイスクリームを かいます。 편의점에서 팥빵과 아이스크림을 삽니다.

**03** 그림을 보고 알맞은 단어를 찾아 O를 해 봅시다.

| サ | ア | ヤ | ン |
|---|---|---|---|
| ウ | イ | ル | ス |
| キ | ス | ラ | イ |
| ナ | メ | カ | ケ |

1

2

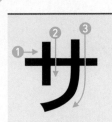

사 [sa]

우리말의 [사]와 비슷하게 발음합니다.

**TIP** 세 번째 획은 직선으로 내려오다 부드러운 곡선을 그으며 마무리합니다.

サ ラ ダ 샐러드

サ サ サ

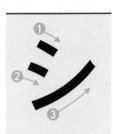

시 [shi]

우리말의 [시]와 비슷하게 발음합니다.

**TIP** 첫 번째와 두 번째 획은 약간 누운 듯이 긋고, 세 번째 획은 왼쪽 아래에서 시작하여 오른쪽 위에서 마무리합니다.

ブラシ 브러시, 솔

シ シ シ

스 [su]

알아두기 우리말의 [수]와 [스]의 중간 음으로 발음합니다.

TIP 첫 번째 획은 부드러운 곡선으로 내려오고, 두 번째 획은 중심점에서 시작합니다.

スキー 스키

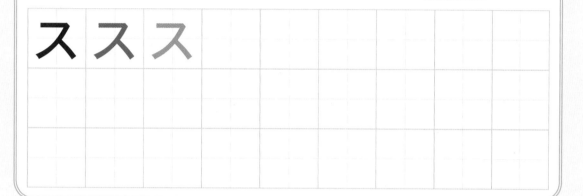

세 [se]

알아두기 우리말의 [세]와 비슷하게 발음합니다.

TIP 첫 번째 획은 살짝 위로 향하게 긋다가 아래로 삐치어 마무리합니다. 두 번째 획은 똑바로 내리다 너무 각지지 않도록 부드럽게 꺾어 마무리합니다.

セーター 스웨터

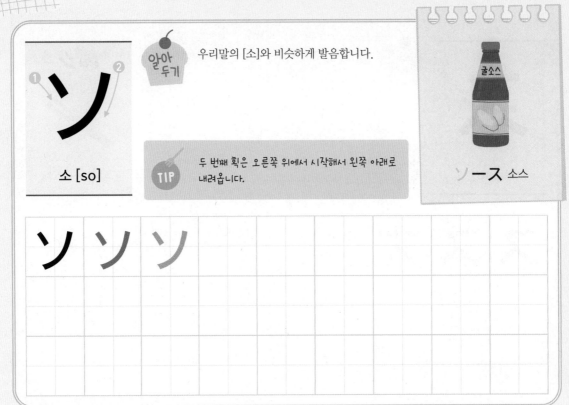

ソ

소 [so]

알아두기 우리말의 [소]와 비슷하게 발음합니다.

TIP 두 번째 획은 오른쪽 위에서 시작해서 왼쪽 아래로 내려옵니다.

ソース 소스

| ソ | ソ | ソ | | | | | | |
|---|---|---|---|---|---|---|---|---|
| | | | | | | | | |
| | | | | | | | | |

 확인하기

### ソ vs ン

「ソ[so]」는 두 번째 획을 오른쪽 위에서 시작하여 왼쪽 아래로 내려 마무리합니다. 글자가 약간 세워져 있는 듯한 모양입니다. 「ン[n]」은 두 번째 획을 왼쪽 아래에서 시작하여 오른쪽 위로 삐치어 마무리합니다. 글자가 약간 누워 있는 듯한 모양입니다.

| ソ | | | | |
|---|---|---|---|---|
| ン | | | | |

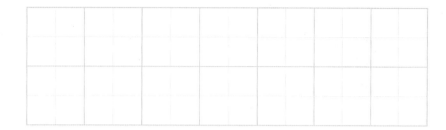

サラダ 샐러드

ブラシ 브러시, 솔

スキー 스키

セーター 스웨터

ソース 소스

타 [ta]

알아두기 우리말의 [타]와 비슷하게 발음하되, [t] 소리는 어두에서 조금 약하게 발음합니다.

TIP 첫 번째 획은 중앙선에서 시작해 약간 곡선이 되게 긋고, 두 번째 획은 첫 획보다 길게 긋습니다.

タオル 수건

タ タ タ

치 [chi]

알아두기 우리말의 [치]와 비슷하게 발음하되, [ch] 소리는 어두에서 조금 약하게 발음합니다. [ti]가 아닌 [chi]로 발음함에 주의합니다.

TIP 첫 번째 획은 살짝 비스듬히 긋고, 두 번째 획은 첫 번째 획보다 길게 긋습니다.

チーズ 치즈

チ チ チ

알아 두기 우리말의 [츠]와 [쯔]의 중간 음으로 발음합니다.

ツ

츠 [tsu]

TIP 세 번째 획은 오른쪽 위에서 시작하여 왼쪽 아래에서 마무리합니다.

スーツ 양복

ツ ツ ツ

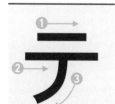

알아 두기 우리말의 [테]와 비슷하게 발음하되, [t] 소리는 어두에서 조금 약하게 발음합니다.

テ

테 [te]

TIP 두 번째 획은 첫 획보다 길게 긋고, 세 번째 획은 왼쪽 아래로 부드러운 곡선을 그리며 마무리합니다.

テスト 시험

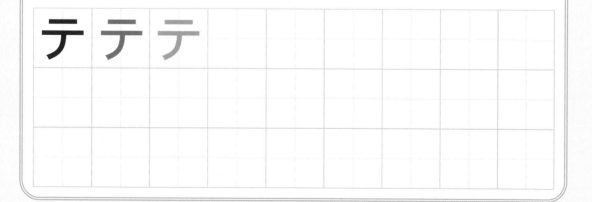

テ テ テ

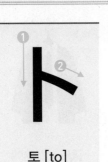

토 [to]

**알아 두기** 우리말의 [토]와 비슷하게 발음하되, [t] 소리는 어두에서 조금 약하게 발음합니다.

**TIP** 첫 번째 획은 중앙선보다 살짝 왼쪽에 긋고, 두 번째 획은 중앙점보다 조금 위에서 시작하여 오른쪽 아래로 긋습니다.

ト マ ト 토마토

| ト | ト | ト | | | | | | | |
|---|---|---|---|---|---|---|---|---|---|
| | | | | | | | | | |
| | | | | | | | | | |

### シ vs ツ

「シ[shi]」는 첫 번째 획과 두 번째 획을 왼쪽을 바라보는 듯이 긋고, 세 번째 획은 왼쪽 아래에서 시작하여 위쪽으로 곡선을 그리며 마무리합니다. 「ツ[tsu]」는 첫 번째 획과 두 번째 획을 위쪽을 바라보는 듯이 긋고, 세 번째 획은 오른쪽 위에서 시작하여 아래쪽으로 곡선을 그리며 마무리합니다.

| シ | | | | | | |
|---|---|---|---|---|---|---|
| ツ | | | | | | |

タ**オル** 수건

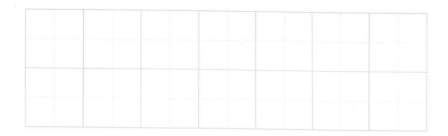

チ**ーズ** 치즈

ス**ーツ** 양복

テ**スト** 시험

ト**マ**ト 토마토

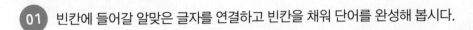

**01** 빈칸에 들어갈 알맞은 글자를 연결하고 빈칸을 채워 단어를 완성해 봅시다.

1  ス  •

2  セ  •

3  ソ  •

4  ト  •

5  テ  •

•  ☐マ☐  토마토

•  ☐ース  소스

•  ☐ーター  스웨터

•  ☐スト  시험

•  ☐キー  스키

**02** 아래의 한글 발음에 맞는 가타카나를 써 봅시다.

1
[시]

2
[치]

3
[츠]

**03** 다음 **보기** 의 글자 중 가타카나 サ행에 해당하는 글자에 O를 해 봅시다.

**보기** すきな スポーツは テニスと サッカーです。
좋아하는 스포츠는 테니스와 축구입니다.

ナ

나 [na]

**알아두기** 우리말의 [나]와 비슷하게 발음합니다.

**TIP** 첫 번째 획은 중심점보다 조금 위에 긋고, 두 번째 획은 중심점보다 살짝 오른쪽에서 시작합니다.

バ**ナ**ナ 바나나

ナ　ナ　ナ

二

니 [ni]

**알아두기** 우리말의 [니]와 비슷하게 발음합니다.

**TIP** 두 번째 획을 첫 번째 획보다 길게 긋습니다.

テニス 테니스

二　二　二

누 [nu]

 알아 두기

우리말의 [누]와 비슷하게 발음하되, 입술을
너무 앞으로 내밀지 않도록 유의합니다.

 TIP
두 번째 획은 첫 번째 획의 시작점과 만나지 않게
주의하고 조금 짧게 그어 마무리합니다.

ヌード 누드, 나체

ヌ ヌ ヌ

네 [ne]

 알아 두기

우리말의 [네]와 비슷하게 발음합니다.

 TIP
첫 번째 획은 비스듬히 긋고, 네 번째 획은 두 번째
획과 살짝 떨어지게 긋습니다.

ネクタイ 넥타이

ネ ネ ネ

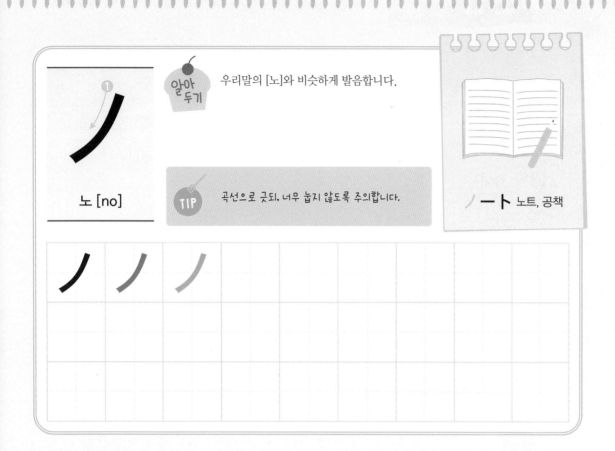

ノ

노 [no]

**알아두기** 우리말의 [노]와 비슷하게 발음합니다.

**TIP** 곡선으로 긋되, 너무 눕지 않도록 주의합니다.

ノート 노트, 공책

ノ ノ ノ

 확인하기

ス VS ヌ

헷갈리기 쉬운 두 글자의 차이점은 두 번째 획의 시작점입니다. 「ス[su]」는 중심점에서 시작하며 첫 번째 획에서 삐져나오지 않도록 긋지만, 「ヌ[nu]」는 중심점을 조금 벗어나서 시작하며 첫 번째 획에서 튀어나오도록 긋습니다.

| | | | | | |
|---|---|---|---|---|---|
| ス | ス | | | | |
| ヌ | ヌ | | | | |

**バナナ** 바나나

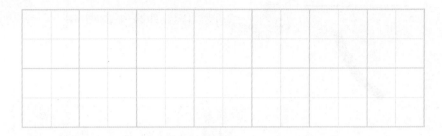

**テニス** 테니스

**ヌード** 누드, 나체

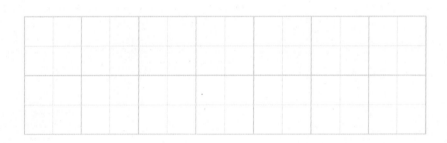

**ネクタイ** 넥타이

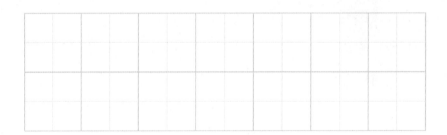

**ノート** 노트, 공책

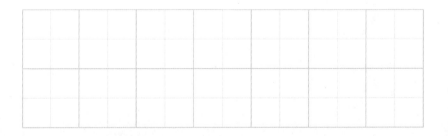

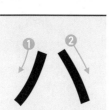

하 [ha]

 알아두기　우리말의 [하]와 비슷하게 발음합니다.

**TIP** 첫 번째 획은 살짝 바깥으로 삐친 듯 긋고, 두 번째 획은 약간 안쪽으로 둥글게 마무리합니다.

ハンカチ 손수건

히 [hi]

 알아두기　우리말의 [히]와 비슷하게 발음합니다.

**TIP** 첫 번째 획은 약간 오른쪽 위를 향하게 긋고, 두 번째 획은 너무 각지지 않도록 선을 긋습니다.

ヒーロー 영웅

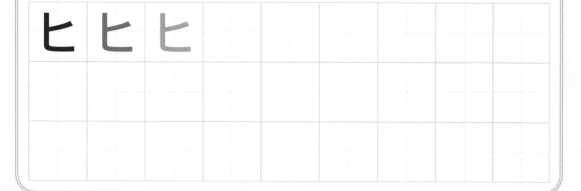

 알아두기 우리말의 [후]와 비슷하게 발음합니다. 입술을 너무 내밀지 않도록 주의합니다.

후 [fu]

 TIP 가로로 직선을 긋다 꺾어 부드러운 곡선으로 마무리 합니다.

スカーフ 스카프

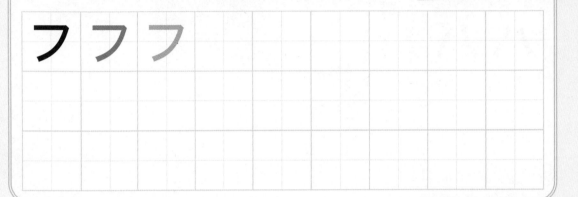

 알아두기 우리말의 [헤]와 비슷하게 발음합니다.

헤 [he]

TIP 시작점보다 더 아래에서 마무리해 꺾인 점을 기준 으로 오른쪽이 더 길어지도록 합니다.

ヘア 헤어, 머리털

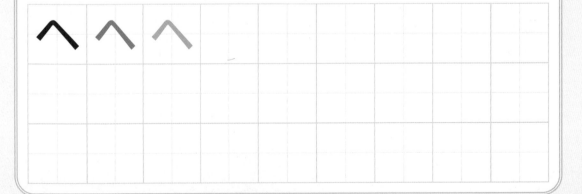

ホ

호 [ho]

알아 두기

우리말의 [호]와 비슷하게 발음합니다.

TIP

세 번째와 네 번째 획은 두 번째 획과 붙지 않도록 주의합니다.

ホテル 호텔

| ホ | ホ | ホ | | | | |
|---|---|---|---|---|---|---|
| | | | | | | |
| | | | | | | |

ハンカチ 손수건

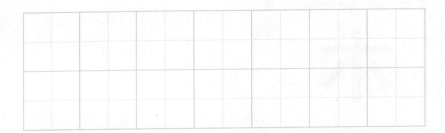

ヒーロー 영웅

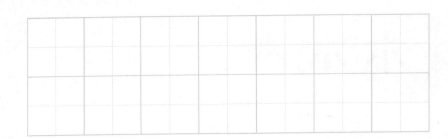

スカーフ 스카프

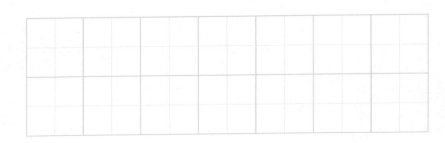

ヘア 헤어, 머리털

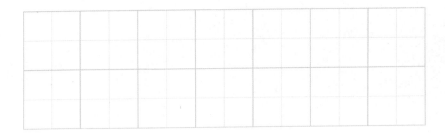

ホテル 호텔

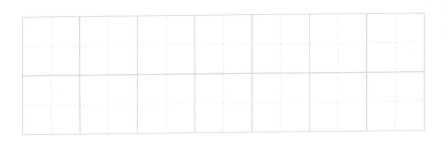

**01** 그림에 알맞은 단어를 골라 O 표하고 다시 한번 써 봅시다.

**1**

ノート

ニート

_____

**2**

ホソカチ

ハンカチ

_____

**3**

ホテル

ナテル

_____

**02** 다음 보기 의 글자 중 가타카나 ナ행과 ハ행에 해당하는 글자에 O를 해 봅시다.

> 보기  ハンガーに ネクタイと スカーフを
> かけます。 옷걸이에 넥타이와 스카프를 겁니다.

**03** 보기 의 글자를 참고하여 빈칸을 채워 봅시다.

> 보기    ヘ ヌ ナ ヒ ニ

**1** ☐ ア 헤어, 머리털

**2** ☐ ─ロ─ 영웅

**3** テ ☐ ス 테니스

**4** バ ☐ ☐ 바나나

마 [ma]

 우리말의 [마]와 비슷하게 발음합니다.

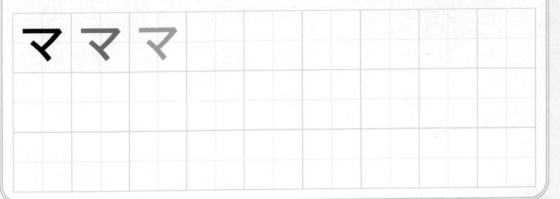

TIP 두 번째 획은 비스듬히 점을 찍듯이 짧게 긋습니다.

マイク 마이크

미 [mi]

 우리말의 [미]와 비슷하게 발음합니다.

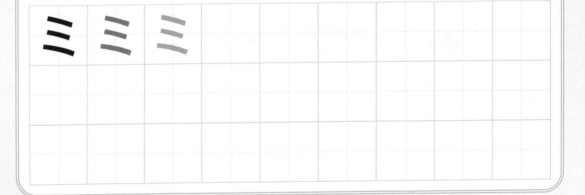

TIP 왼쪽 위에서 오른쪽 아래로 약간 비스듬히 긋습니다.

ミルク 밀크, 우유

무 [mu]

우리말의 [무]와 비슷하게 발음합니다. 입술을 앞으로 너무 내밀지 않도록 주의합니다.

TIP 첫 번째 획은 왼쪽으로 사선을 긋다가 오른쪽 위로 비스듬히 그어 마무리합니다.

クリーム 크림

메 [me]

우리말의 [메]와 비슷하게 발음합니다.

TIP 첫 번째 획은 너무 눕지 않도록 주의합니다. 두 번째 획은 사선을 그어 앞의 획을 관통하되, X 자가 되지 않도록 주의합니다.

メモ 메모

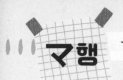
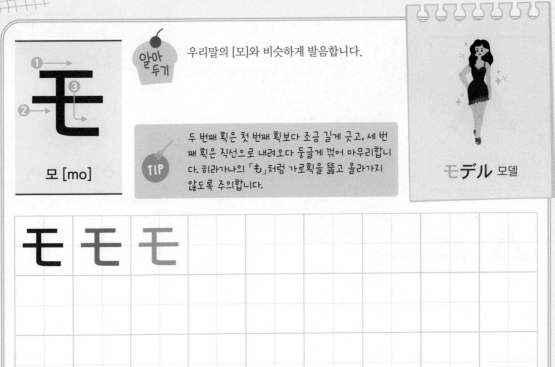

モ

모 [mo]

**알아두기**

우리말의 [모]와 비슷하게 발음합니다.

**TIP**

두 번째 획은 첫 번째 획보다 조금 길게 긋고, 세 번째 획은 직선으로 내려오다 둥글게 꺾어 마무리합니다. 히라가나의 「も」처럼 가로획을 뚫고 올라가지 않도록 주의합니다.

モデル 모델

モ モ モ

확인하기

ア vs マ vs ム

「ア[a]」는 첫 번째 획과 두 번째 획이 붙지 않도록 살짝 공간을 두고 왼쪽 아래로 길게 완만한 곡선을 그어 마무리하고, 「マ[ma]」는 첫 번째 획과 이어지는 비스듬한 선을 짧게 그어 마무리합니다. 「ム[mu]」는 마치 「マ[ma]」를 뒤집은 듯한 느낌입니다.

| ア | | | | | |
|---|---|---|---|---|---|
| マ | | | | | |
| ム | | | | | |

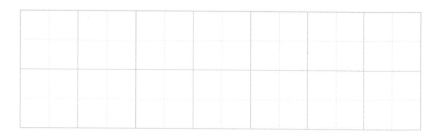

マイク 마이크

ミルク 밀크, 우유

クリーム 크림

メモ 메모

モデル 모델

야 [ya]

 **알아두기**　우리말의 [야]와 비슷하게 발음합니다.

 **TIP**　첫 번째 획은 약간 오른쪽 위를 향하게 긋다가 아래로 꺾어 마무리합니다. 두 번째 획은 조금 왼쪽으로 기울어지도록 긋습니다.

**タイ ヤ** 타이어

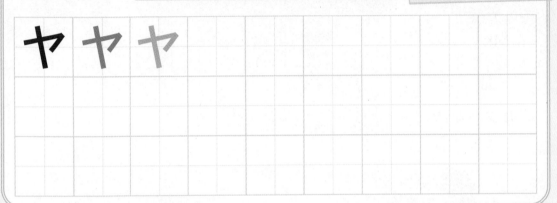

ユ

유 [yu]

**알아두기**　우리말의 [유]와 비슷하게 발음합니다.

 **TIP**　두 번째 획은 첫 번째 획의 가로선보다 더 길게 긋습니다.

**ユーモア** 유머

ㅋ
요 [yo]

알아
두기
우리말의 [요]와 비슷하게 발음합니다.

TIP
두 번째 획과 세 번째 획이 첫 번째 획의 세로선을
뚫고 나가지 않도록 주의합니다.

マヨネーズ 마요네즈

| ㅋ | ㅋ | ㅋ | | | | |
|---|---|---|---|---|---|---|
| | | | | | | |
| | | | | | | |

확인하기

ㄱ vs ㄱ

「ㄱ[ko]」는 두 번째 획이 첫 번째 획의 가로선을 벗어나지 않지만, 「ㄱ[yu]」는 두 번째 획을 첫 번째 획의 가로선보다 더 길게 그어 첫 번째 획을 삐져나가도록 씁니다.

| ㄱ | | | | | | |
|---|---|---|---|---|---|---|
| ㄱ | | | | | | |

**タイヤ** 타이어

**ユーモア** 유머

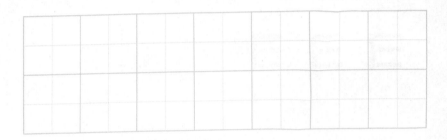

**マヨネーズ** 마요네즈

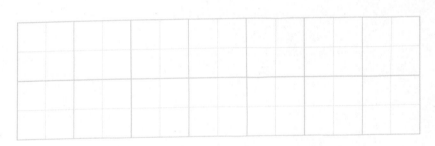

## 연습 문제

**01** 보기 의 글자를 참고하여 빈칸을 채워 봅시다.

**1**

タイ☐

**2**

☐モ

**3**

MILK

☐ルク

보기    ミ    マ    ヤ    ム    メ

**02** 다음 보기 의 글자 중 가타카나 マ행에 해당하는 글자에 O를 해 봅시다.

보기    メロンパンと ミルクを たべます。
멜론빵과 우유를 먹습니다.

**03** 아래의 한글 발음에 맞는 가타카나를 써 봅시다.

**1**

[무]

**2**

[요]

**3**

[유]

라 [ra]

 알아두기

우리말의 [라]와 비슷하게 발음합니다.

 TIP
두 번째 획의 가로선은 첫 번째 획보다 길게 긋고 각지게 꺾어 내려옵니다.

ライス 밥

ラ ラ ラ

리 [ri]

 알아두기

우리말의 [리]와 비슷하게 발음합니다.

 TIP
히라가나의 「り」와는 다르게 두 획이 이어지지 않도록 좀 더 각지게 씁니다.

リズム 리듬

リ リ リ

알아두기 우리말의 [루]와 [르]의 중간 음으로 발음합니다.

루 [ru]

TIP 두 번째 획은 첫 번째 획보다 위에서 시작하고 오른쪽 위로 꺾어 마무리합니다.

ボール 공

ル ル ル

알아두기 우리말의 [레]와 비슷하게 발음합니다.

레 [re]

TIP 중앙선보다 약간 왼쪽에서 시작하여 직선을 그은 다음 오른쪽 위로 크게 삐쳐어 마무리합니다.

レストラン 식당

レ レ レ

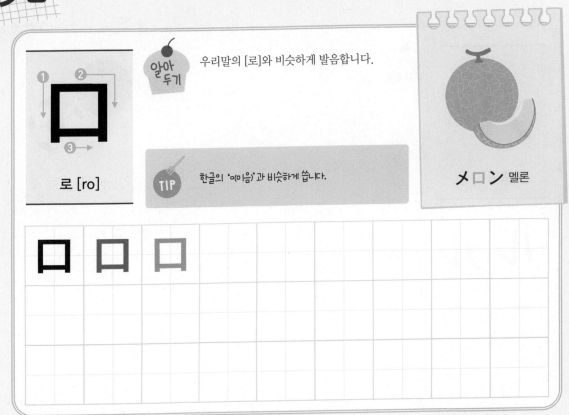

우리말의 [로]와 비슷하게 발음합니다.

ロ [ro]

**알아두기**

**TIP** 한글의 "ㅁ(미음)"과 비슷하게 씁니다.

メロン 멜론

## 확인하기

### テ vs ラ

「テ[te]」는 3개의 획으로 이루어져 있으며 두 번째 획을 가로로 그은 후 손을 떼고 두 번째 획의 중간 지점에서 시작해 왼쪽 아래로 내려오며 마무리합니다. 「ラ[ra]」는 2개의 획으로 이루어져 있으며 두 번째 획은 가로로 긋고 손을 떼지 않은 채 왼쪽 아래로 내려 마무리합니다.

| テ | | | | | | | |
|---|---|---|---|---|---|---|---|
| ラ | | | | | | | |

ライス 밥

リズム 리듬

ボール 공

レストラン 식당

メロン 멜론

알아두기 우리말의 [와]와 비슷하게 발음합니다.

와 [wa]

TIP 첫 획은 중심선 왼쪽에서 시작합니다. 두 번째 획은 가로로 직선을 긋다 꺾어 내려와 왼쪽 아래 방향으로 완만한 곡선을 그리며 마무리합니다.

ワイン 와인

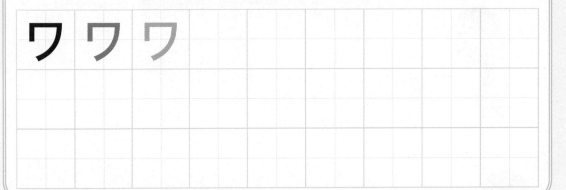

알아두기 우리말의 [오]와 비슷하게 발음합니다. 목적격 조사 '~을/를'의 뜻으로 쓰이는 히라가나「を [o]」와 달리 거의 쓰이지 않습니다.

오 [o]

TIP 두 개의 가로획을 먼저 긋습니다. 세 번째 획은 부드러운 곡선을 그으며 내려옵니다. 한글의 'ㅋ(키읔)'처럼 짧게 일자로 내려오지 않도록 주의합니다.

단어 없음

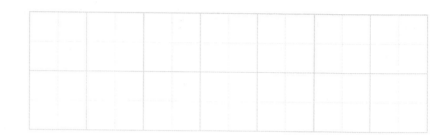

ワイン 와인

**확인하기**

## ウ vs ワ

헷갈리기 쉬운 두 글자의 차이는 위쪽 세로선의 유무입니다. 「ウ[u]」는 첫 획이 마치 마지막 획 위에 솟아난 듯한 모양이지만, 「ワ[wa]」에는 그러한 세로선이 없습니다.

| ウ | | | | | | | |
|---|---|---|---|---|---|---|---|
| ワ | | | | | | | |

**01** 그림을 보고 밑줄에 들어갈 알맞은 글자를 써 봅시다.

**1**

メ＿＿ン

**2**

ボー＿＿＿

**3**

RESTAURANT

＿＿ストラン

**02** 다음 보기 의 글자 중 가타카나 ラ행에 해당하는 글자에 O를 해 봅시다.

보기 リボンが つけている ドレスと イヤリング
리본이 붙어 있는 드레스와 귀걸이

**03** 그림에 알맞은 단어를 골라 O 표하고 다시 한번 써 봅시다.

**1**

リズム

ルズム

**2**

マイス

ライス

**3**

ウイン

ワイン

＿＿＿＿＿＿＿  ＿＿＿＿＿＿＿  ＿＿＿＿＿＿＿

🔊 061.mp3

응 [n]

알아
두기

우리말의 받침과 비슷한 역할을 하며, 단어 맨 앞에 오지 않습니다. 읽을 때는 뒤에 오는 글자에 따라 자연스럽게 [ㄴ/ㅁ/ㅇ] 으로 발음합니다. 또한 「ン」은 한 박자로 발음해야 합니다.

TIP

두 번째 획은 왼쪽 아래에서 시작하여 오른쪽 위로 올려 마무리합니다.

ボタン 단추

| ン | ン | ン | | | | |
|---|---|---|---|---|---|---|
| | | | | | | |
| | | | | | | |

**단어쓰기 연습** ＋＋＋＋＋＋＋＋＋＋＋＋＋＋＋＋＋＋＋＋＋＋＋＋＋＋＋

| ボ | タ | ン | | | | | |
|---|---|---|---|---|---|---|---|

단추

| ス | ポ | ン | ジ | | | | |
|---|---|---|---|---|---|---|---|

스펀지

| ピ | ン | ク | | | | | |
|---|---|---|---|---|---|---|---|

핑크, 분홍

| コ | ン | サ | ー | ト | | | |
|---|---|---|---|---|---|---|---|

콘서트, 음악회

가타카나 표의 빈칸을 채우며 다시 한번 확인해 봅시다.

| | ア단 | イ단 | ウ단 | エ단 | オ단 |
|---|---|---|---|---|---|
| ア행 | | | | | |
| カ행 | | | | | |
| サ행 | | | | | |
| タ행 | | | | | |
| ナ행 | | | | | |
| ハ행 | | | | | |
| マ행 | | | | | |
| ヤ행 | | | | | |
| ラ행 | | | | | |
| ワ행 | | | | | |
| 발음 | | | | | |

## 탁음 반탁음
### (濁音)（半濁音)

### 1 탁음

탁음은「カ・サ・タ・ハ」행 글자의 오른쪽 위에 탁점(゛)을 붙여 표기하며 청음과 다르게 발음합니다.

| ガ | ギ | グ | ゲ | ゴ |
|---|---|---|---|---|
| 가 [ga] | 기 [gi] | 구 [gu] | 게 [ge] | 고 [go] |
| ザ | ジ | ズ | ゼ | ゾ |
| 자 [za] | 지 [ji] | 즈 [zu] | 제 [ze] | 조 [zo] |
| ダ | ヂ | ヅ | デ | ド |
| 다 [da] | 지 [ji] | 즈 [zu] | 데 [de] | 도 [do] |
| バ | ビ | ブ | ベ | ボ |
| 바 [ba] | 비 [bi] | 부 [bu] | 베 [be] | 보 [bo] |

### 2 반탁음

반탁음은 일본어의 「ハ」행에서만 사용하며, 「ハ」행 글자의 오른쪽 위에 반탁점( ゜)을 붙여 표기합니다.

| パ | ピ | プ | ペ | ポ |
|---|---|---|---|---|
| 파 [pa] | 피 [pi] | 푸 [pu] | 페 [pe] | 포 [po] |

# ガ행　ガ ギ グ ゲ ゴ

우리말의 [가], [기], [구], [게], [고]와 비슷하게 발음하지만 「グ」는 입술을 동그랗게 모으지 않고 발음
합니다.

| ガ |  |  |  |  |  |
|---|---|---|---|---|---|
| 가 [ga] | ガ |  |  |  |  |

**ガラス** 유리

| ギ |  |  |  |  |  |
|---|---|---|---|---|---|
| 기 [gi] | ギ |  |  |  |  |

**ギター** 기타

| グ |  |  |  |  |  |
|---|---|---|---|---|---|
| 구 [gu] | グ |  |  |  |  |

**サングラス**
선글라스

| ゲ |  |  |  |  |  |
|---|---|---|---|---|---|
| 게 [ge] | ゲ |  |  |  |  |

**ゲーム** 게임

| ゴ |  |  |  |  |  |
|---|---|---|---|---|---|
| 고 [go] | ゴ |  |  |  |  |

**ゴール** 골, 골인

「ザ」행은 영어의 [z]와 비슷하게 발음하며 「ズ」는 입술을 동그랗게 모으지 않고 발음합니다.

**ザ**
자 [za]

ザ

デザート
디저트, 후식

**ジ**
지 [ji]

ジ

ラジオ 라디오

**ズ**
즈 [zu]

ズ

ズボン 바지

**ゼ**
제 [ze]

ゼ

ゼリー 젤리

**ゾ**
조 [zo]

ゾ

リゾット 리소토

우리말의 [다], [지], [즈], [데], [도]와 비슷하게 발음합니다. 「ヂ」는 「ジ」와 발음이 같고 「ヅ」는 「ズ」와
발음이 같은데 외국어, 동식물명 등 일부 단어 외에는 「ジ」와 「ズ」를 사용합니다.

| ダ<br>다 [da] | ダ | | | | | |  |
| ヂ<br>지 [ji] | ヂ | | | | | | 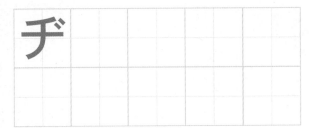 |
| ツ<br>즈 [zu] | ツ | | | | | | 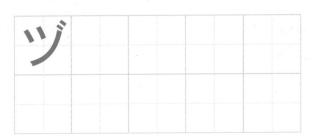 |
| デ<br>데 [de] | デ | | | | | |  |
| ド<br>도 [do] | ド | | | | | | 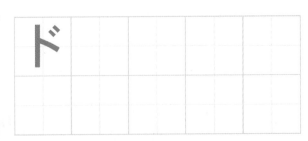 |

**ダンス** 댄스, 춤

**チヂミ** 부침개, 전

**ナベヅル** 흑두루미

**デート** 데이트

**ドア** 문

우리말의 [바], [비], [부], [베], [보]와 비슷하게 발음합니다. 「ブ」를 발음할 때 입술을 너무 내밀지 않도록 주의합니다.

 바 [ba]

バス 버스

 비 [bi]

ビル 빌딩, 건물

 부 [bu]

ブローチ 브로치

 베 [be]

ベルト 벨트

 보 [bo]

ボート 보트, 배

## パ행　パ ピ プ ペ ポ

우리말의 [파], [피], [푸], [페], [포]와 비슷하게 발음하되 단어 중간이나 끝에서는 'ㅃ' 소리에 가깝게 발음합니다. 「プ」를 발음할 때는 입술을 너무 내밀지 않도록 주의합니다.

파 [pa]

パン 빵

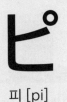

피 [pi]

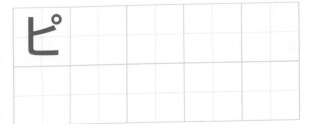

ピアノ 피아노

푸 [pu]

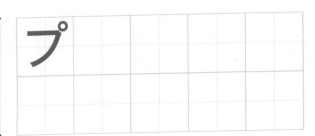

プール 수영장

페 [pe]

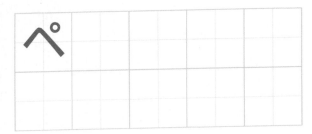

ペット 반려동물

포 [po]

ポスト 우체통

| | |
|---|---|
| ガラス 유리 | |
| ギター 기타 | |
| サングラス 선글라스 | |
| ゲーム 게임 | |
| ゴール 골, 골인 | |
| デザート 디저트, 후식 | |
| ラジオ 라디오 | |
| ズボン 바지 | |
| ゼリー 젤리 | |
| リゾット 리소토 | |
| ダンス 댄스, 춤 | |
| チヂミ 부침개, 전 | |

| | |
|---|---|
| **ナベツル** 흑두루미 | |
| デート 데이트 | |
| ドア 문 | |
| バス 버스 | |
| ビル 빌딩, 건물 | |
| ブローチ 브로치 | |
| ベルト 벨트 | |
| ボート 보트, 배 | |

| パン 빵 | | |
| :--- | :--- | :--- |
| ピアノ 피아노 | | |
| プール 수영장 | | |
| ペット 반려동물 | | |
| ポスト 우체통 | | |

## 요음 (拗音)

요음은 글자 「キ・シ・チ・ニ・ヒ・ミ・リ・ギ・ジ・ビ・ピ」옆에 「ヤ」, 「ユ」, 「ヨ」를 작게 붙여 표기합니다. 또한 요음은 두 글자이지만 한 박의 길이로 발음합니다.

| | | | | | |
|---|---|---|---|---|---|
| **キャ**<br>캬 [kya] | **キュ**<br>큐 [kyu] | **キョ**<br>쿄 [kyo] | **ギャ**<br>갸 [gya] | **ギュ**<br>규 [gyu] | **ギョ**<br>교 [gyo] |
| **シャ**<br>샤 [sha] | **シュ**<br>슈 [shu] | **ショ**<br>쇼 [sho] | **ジャ**<br>쟈 [ja] | **ジュ**<br>쥬 [ju] | **ジョ**<br>죠 [jo] |
| **チャ**<br>챠 [cha] | **チュ**<br>츄 [chu] | **チョ**<br>쵸 [cho] | **ヂャ\***<br>쟈 [ja] | **ヂュ\***<br>쥬 [ju] | **ヂョ\***<br>죠 [jo] |
| **ニャ**<br>냐 [nya] | **ニュ**<br>뉴 [nyu] | **ニョ**<br>뇨 [nyo] | **ヒャ**<br>햐 [hya] | **ヒュ**<br>휴 [hyu] | **ヒョ**<br>효 [hyo] |
| **ビャ**<br>뱌 [bya] | **ビュ**<br>뷰 [byu] | **ビョ**<br>뵤 [byo] | **ピャ**<br>퍄 [pya] | **ピュ**<br>퓨 [pyu] | **ピョ**<br>표 [pyo] |
| **ミャ**<br>먀 [mya] | **ミュ**<br>뮤 [myu] | **ミョ**<br>묘 [myo] | **リャ**<br>랴 [rya] | **リュ**<br>류 [ryu] | **リョ**<br>료 [ryo] |

\* 「ヂ」행은 거의 쓰이지 않습니다.

### 확인하기 ++++++++++++++++++++++++++++++++++++++++

가타카나로 외래어를 표기할 때 특정 발음을 표현하기 위해 요음과는 다르게 「ファ[화]」, 「ティ[티]」, 「ドゥ[두]」, 「シェ[셰]」, 「ウォ[워]」와 같이 글자 옆에 「ア・イ・ウ・エ・オ」를 작게 붙여 쓰기도 합니다.

| パ | ー | ティ | ィ | ー | | | | | |
|---|---|---|---|---|---|---|---|---|---|

파티

| ソ | フ | ァ | | | | | | | |
|---|---|---|---|---|---|---|---|---|---|

소파

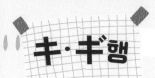

| キャ 캬 [kya] | キャ | | | | | | キャンプ 캠핑 |
| キュ 큐 [kyu] | キュ | | | | | | バーベキュー 바비큐 |
| キョ 쿄 [kyo] | キョ | | | | | | ラッキョウ 염교 |
| ギャ 갸 [gya] | ギャ | | | | | | ギャラリー 갤러리 |
| ギュ 규 [gyu] | ギュ | | | | | | レギュラー 레귤러, 보통 |
| ギョ 교 [gyo] | ギョ | | | | | | ギョウザ 교자, 만두 |

| シャ 샤 [sha] | シャ | | | | | | | | シャ**ツ** 셔츠 |
| シュ 슈 [shu] | シュ | | | | | | | | フラッ**シュ** 플래시 |
| ショ 쇼 [sho] | ショ | | | | | | | | ショ**ー** 쇼, 공연 |
| ジャ 쟈 [ja] | ジャ | | | | | | | | ジャ**ム** 잼 |
| ジュ 쥬 [ju] | ジュ | | | | | | | | ジュ**ース** 주스 |
| ジョ 죠 [jo] | ジョ | | | | | | | | ジョ**ギング** 조깅 |

134

# チャ
챠 [cha]

| チャ | | | | | |
|---|---|---|---|---|---|
| | | | | | |

バウ**チャ**ー
바우처, 쿠폰

# チュ
츄 [chu]

| チュ | | | | | |
|---|---|---|---|---|---|
| | | | | | |

シ**チュ**ー 스튜

# チョ
쵸 [cho]

| チョ | | | | | |
|---|---|---|---|---|---|
| | | | | | |

**チョ**コレート
초콜릿

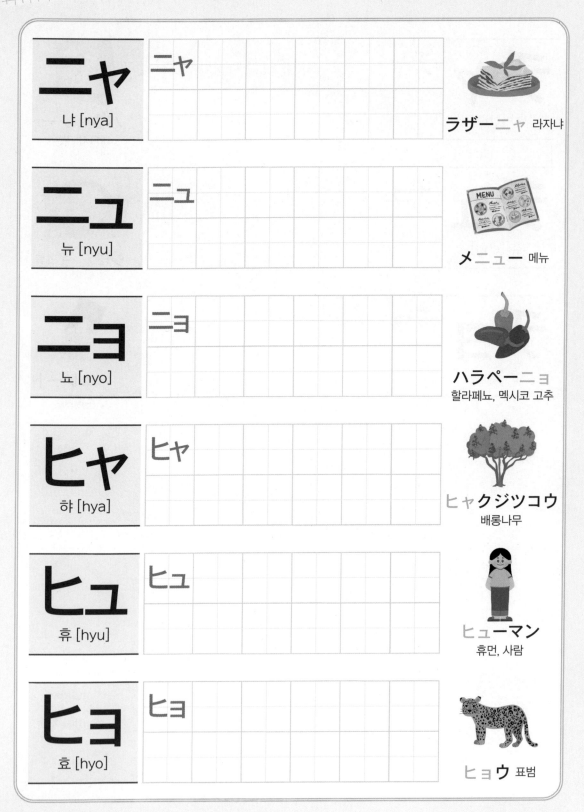

| ニャ<br>냐 [nya] | ニャ | | | | |
| ヤ<br>뉴 [nyu] | ニュ | | | | |
| ニョ<br>뇨 [nyo] | ニョ | | | | |
| ヒャ<br>햐 [hya] | ヒャ | | | | |
| ヒュ<br>휴 [hyu] | ヒュ | | | | |
| ヒョ<br>효 [hyo] | ヒョ | | | | |

ラザーニャ 라자냐

メニュー 메뉴

ハラペーニョ<br>할라페뇨, 멕시코 고추

ヒャクジツコウ<br>배롱나무

ヒューマン<br>휴먼, 사람

ヒョウ 표범

| ビャ | ビャ | | | | | |
| --- | --- | --- | --- | --- | --- | --- |
| 뱌 [bya] | | | | | | |

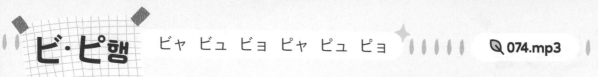

ビャ**クダン** 백단향

| ビュ | ビュ | | | | | |
| --- | --- | --- | --- | --- | --- | --- |
| 뷰 [byu] | | | | | | |

**インタ**ビュー
인터뷰

| ビョ | ビョ | | | | | |
| --- | --- | --- | --- | --- | --- | --- |
| 뵤 [byo] | | | | | | |

단어 없음

| ピャ | ピャ | | | | | |
| --- | --- | --- | --- | --- | --- | --- |
| 퍄 [pya] | | | | | | |

단어 없음

| ピュ | ピュ | | | | | |
| --- | --- | --- | --- | --- | --- | --- |
| 퓨 [pyu] | | | | | | |

**コンピューター**
컴퓨터

| ピョ | ピョ | | | | | |
| --- | --- | --- | --- | --- | --- | --- |
| 표 [pyo] | | | | | | |

단어 없음

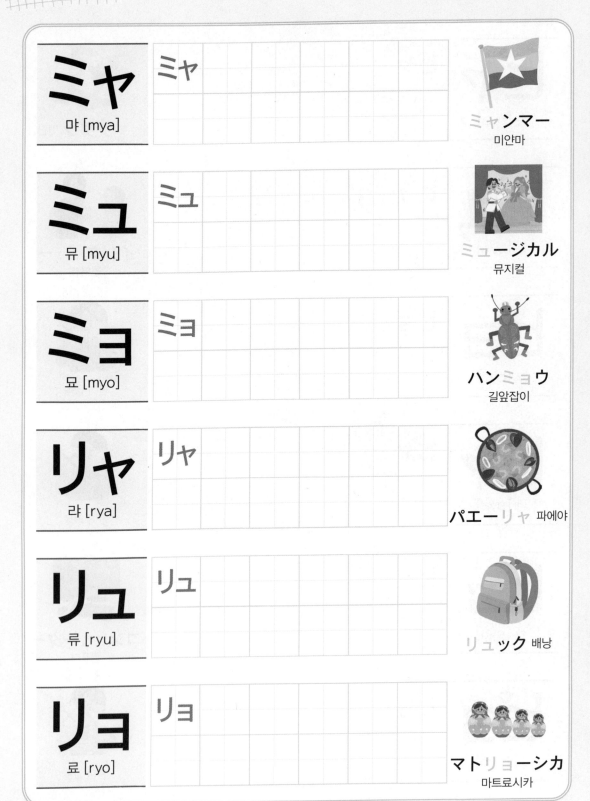

| ミャ 먀 [mya] | ミャ | | | | | |

ミャンマー
미얀마

| ミュ 뮤 [myu] | ミュ | | | | | |

ミュージカル
뮤지컬

| ミョ 묘 [myo] | ミョ | | | | | |

ハンミョウ
길앞잡이

| リャ 랴 [rya] | リャ | | | | | |

パエーリャ 파에야

| リュ 류 [ryu] | リュ | | | | | |

リュック 배낭

| リョ 료 [ryo] | リョ | | | | | |

マトリョーシカ
마트료시카

キャンプ 캠핑

バーベキュー 바비큐

ラッキョウ 염교

ギャラリー 갤러리

レギュラー 레귤러, 보통

ギョウザ 교자, 만두

シャツ 셔츠

フラッシュ 플래시

ショー 쇼, 공연

ジャム 잼

ジュース 주스

ジョギング 조깅

バウチャー 바우처, 쿠폰

シチュー 스튜

チョコレート 초콜릿

ラザーニャ 라자냐

メニュー 메뉴

ハラペーニョ 할라페뇨

ヒャクジツコウ 배롱나무

ヒューマン 휴먼, 사람

ヒョウ 표범

ビャクダン 백단향

インタビュー 인터뷰

コンピューター 컴퓨터

ミャンマー 미얀마

ミュージカル 뮤지컬

ハンミョウ 길앞잡이

パエーリャ 파에야

リュック 배낭

マトリョーシカ
마트료시카

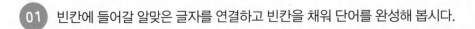

**연습 문제**

01 빈칸에 들어갈 알맞은 글자를 연결하고 빈칸을 채워 단어를 완성해 봅시다.

1 グ ・                  ・ ⬜ ル 빌딩, 건물

2 ビ ・                  ・ サン ⬜ ラス 선글라스

3 ポ ・                  ・ インタ ⬜ ー 인터뷰

4 チョ・                 ・ ⬜ コレート 초콜릿

5 ビュ・                 ・ ⬜ スト 우체통

02 그림을 보고 밑줄에 들어갈 알맞은 글자를 써 봅시다.

1        2        3

___ア                 ___ース                 ___ンス

03 아래의 한글 발음에 맞는 가타카나를 써 봅시다.

1                      2                      3

[큐]                 [게]                 [표]

**04** 그림에 알맞은 단어를 골라 O 표하고 다시 한번 써 봅시다.

1

キャンプ

キュンプ

_____

2

ヒス

バス

_____

3

ピアノ

ゼアノ

_____

**05** 다음 보기 의 글자 중 가타카나의 요음에 해당하는 글자에 O를 해 봅시다.

보기

ベージュいろの ジャケットと シャツを
かいました。 베이지색 재킷과 셔츠를 샀습니다.

**06** 보기 의 글자를 참고하여 빈칸을 채워 봅시다.

1

☐ム

2

☐ター

3

☐ン

보기   パ　ブ　ギ　ジャ　チュ

🎧 **077.mp3**

## 촉음(つまる音)

촉음은 우리말의 받침과 유사한 역할을 하는 음으로, 「ッ」를 작게 써서 표기하며 뒤에 오는 음에 영향을 받습니다. 또한 한 박자의 길이로 발음해야 합니다.

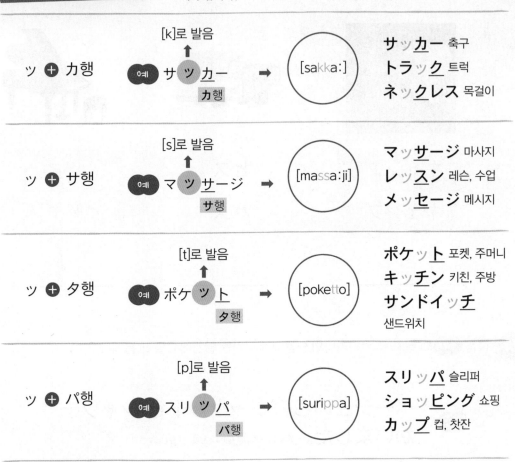

ッ + カ행 → [k]로 발음 → 예 サッ**カ**ー (カ행) → [sakka:]
- サッ**カ**ー 축구
- トラッ**ク** 트럭
- ネッ**ク**レス 목걸이

ッ + サ행 → [s]로 발음 → 예 マッ**サ**ージ (サ행) → [massa:ji]
- マッ**サ**ージ 마사지
- レッ**ス**ン 레슨, 수업
- メッ**セ**ージ 메시지

ッ + タ행 → [t]로 발음 → 예 ポケッ**ト** (タ행) → [poketto]
- ポケッ**ト** 포켓, 주머니
- キッ**チ**ン 키친, 주방
- サンドイッ**チ** 샌드위치

ッ + パ행 → [p]로 발음 → 예 スリッ**パ** (パ행) → [surippa]
- スリッ**パ** 슬리퍼
- ショッ**ピ**ング 쇼핑
- カッ**プ** 컵, 찻잔

### 단어쓰기 연습 ✛✛✛✛✛✛✛✛✛✛✛✛✛✛✛✛✛✛✛✛✛✛✛✛✛✛✛

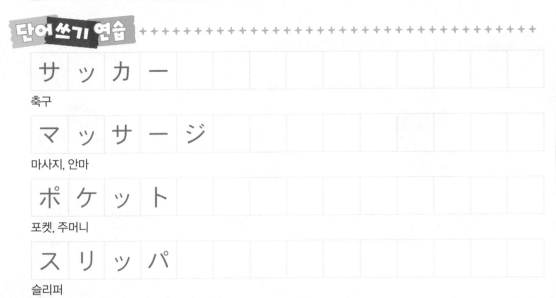

| サ | ッ | カ | ー | | | | | | | |

축구

| マ | ッ | サ | ー | ジ | | | | | | |

마사지, 안마

| ポ | ケ | ッ | ト | | | | | | | |

포켓, 주머니

| ス | リ | ッ | パ | | | | | | | |

슬리퍼

144

# 장음 (のばす音)

같은 모음이 중복될 때 앞 글자의 모음을 두 박자 길이로 길게 발음하는 것을 장음이라고 합니다. 가타카나는 장음을 「ー」로 표기합니다.

| ア단 ⊕ ア | 길게 발음  |  [tsua:] | ツアー 여행, 관광<br>バター 버터<br>マーケット 마켓, 시장 |
|---|---|---|---|
| イ단 ⊕ イ | 길게 발음  |  [bi:ru] | ビール 맥주<br>タクシー 택시<br>チーム 팀 |
| ウ단 ⊕ ウ | 길게 발음  |  [su:pu] | スープ 수프, 국<br>フルーツ 과일<br>ルーム 룸, 방 |
| エ단 ⊕ エ/イ | 길게 발음  | [suke:to] | スケート 스케이트<br>テーブル 테이블, 탁자<br>カレー 카레 |
| オ단 ⊕ オ/ウ | 길게 발음  | [ko:to] | コート 코트<br>ストーブ 스토브, 난로<br>モーニング 모닝, 아침 |

## 확인하기 ++++++++++++++++++++++++++++++++

장음의 유무에 따라 뜻이 달라지는 단어에 유의하세요.

| ビ | ー | ル | | | | | | | |
|---|---|---|---|---|---|---|---|---|---|

맥주

| ビ | ル | | | | | | | | |
|---|---|---|---|---|---|---|---|---|---|

빌딩, 건물

# 03

## 부록

- 문장 쓰기 연습
- 연습 문제 정답

🍒 **おはよう。** 안녕(아침 인사).

🍒 **おはようございます。** 안녕하세요(아침 인사).

🍒 **こんにちは。** 안녕, 안녕하세요(낮 인사).

🍒 **こんばんは。** 안녕, 안녕하세요(저녁 인사).

🍒 **はじめまして。** 처음 뵙겠습니다.

🍒 **おめでとうございます。** 축하합니다.

_____

_____

_____

🍒 **ありがとうございます。** 감사합니다.

_____

_____

_____

🍒 **すみません。** 죄송합니다, 실례합니다.

_____

_____

_____

🍒 **いってきます。** 다녀오겠습니다.

_____

_____

_____

🍒 **いってらっしゃい。** 다녀오세요.

_____

_____

_____

# 연습 문제 정답

## 01 히라가나

### あ・か행　　　　　　　　　　18쪽

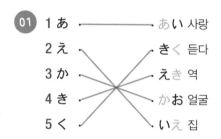

**01**
1 あ —————— あい 사랑
2 え・　　　　　・きく 듣다
3 か・　　　　　・えき 역
4 き・　　　　　・かお 얼굴
5 く・　　　　　・いえ 집

**02**
1 あお 파랑　　　2 こえ 목소리
3 いけ 연못　　　4 あう 만나다

**03**
1 う [우]　　　2 い [이]
3 き [키]

### さ・た행　　　　　　　　　　27쪽

**01**
1 しお 소금　　　2 せき 자리
3 つくえ 책상　　4 いと 실

**02**
1 (そこ/そき) 거기
2 (つて/たて) 세로
3 (かさ/あさ) 우산

**03** せんせいと ともだちと すしを たべます。

### な・は행　　　　　　　　　　36쪽

**01**
1 はな 꽃　　　　2 ねこ 고양이
3 いぬ 개

**02**
1 ほ [호]　　　2 ひ [히]
3 の [노]

**03**
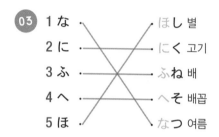
1 な・　　　　　・ほし 별
2 に・　　　　　・にく 고기
3 ふ・　　　　　・ふね 배
4 へ・　　　　　・へそ 배꼽
5 ほ・　　　　　・なつ 여름

### ま・や행　　　　　　　　　　44쪽

**01**
1 むし 벌레　　　2 くま 곰
3 おもい 무겁다

**02** まちの みせで ももを かいました。

**03**

| さ | な | ぬ | ま |
|---|---|---|---|
| み | の | た | め |
| ゆ | き | ひ | ち |
| お | め | あ | さ |

| | | |
|---|---|---|
| ら・わ행 | | 51쪽 |

01

| い | わ | や | ま |
|---|---|---|---|
| あ | の | た | に |
| ゆ | は | ひ | し |
| お | く | る | ま |

02 もりには いろいろな さると くまが
います。

03 1 いろ 색, 색깔    2 はれ 맑음
3 とり 새    4 さくら 벚꽃

| | | |
|---|---|---|
| 탁음/반탁음/요음 | | 73~74쪽 |

01 1 ぎ ・    ・ ねずみ 쥐
2 ご ・    ・ いちご 딸기
3 ず ・    ・ うさぎ 토끼
4 だ ・    ・ はなび 불꽃놀이
5 び ・    ・ ともだち 친구

02 1 さんびゃく 300    2 ぱちぱち 짝짝
3 やきゅう 야구

03 1 じょ [죠]    2 が [가]
3 で [데]

04 1 (いしゃ/いじゅ) 의사
2 (がじゅ/かしゅ) 가수
3 (りゅうり/りょうり) 요리

05 どうぶつえんに いって ぞうと とらを
みました。

06 1 てがみ 편지    2 かざり 장식
3 おもちゃ 장난감    4 さんぽ 산책

## 02 가타카나

| | | |
|---|---|---|
| ア・カ행 | | 87쪽 |

01 1 トイレ 화장실    2 カメラ 카메라
3 エリア 지역    4 ケーキ 케이크

02 コンビニで アンパンと アイスクリーム
を かいます。

03

| サ | ア | ヤ | ン |
|---|---|---|---|
| ウ | イ | ル | ス |
| キ | ス | ラ | イ |
| ナ | メ | カ | ケ |

**01**
1 ス
2 セ
3 ソ
4 ト
5 テ

トマト 토마토
ソース 소스
セーター 스웨터
テスト 시험
スキー 스키

**02** 1 シ [시]　　　　2 チ [치]
3 ツ [츠]

**03** すきな スポーツは テニスと サッカー
です。

ナ・ハ행　　　　　　　105쪽

**01** 1 (ノート/ニート) 노트, 공책
2 (ホソカチ/ハンカチ) 손수건
3 (ホテル/ナテル) 호텔

**02** ハンガーに ネクタイと スカーフを
かけます。

**03** 1 ヘア 헤어, 머리털　2 ヒーロー 영웅
3 テニス 테니스　　4 バナナ 바나나

マ・ヤ행　　　　　　　113쪽

**01** 1 タイヤ 타이어　2 メモ 메모
3 ミルク 밀크, 우유

**02** メロンパンと ミルクを たべます。

**03** 1 ム [무]　　　　2 ヨ [요]
3 ユ [유]

ラ・ワ행　　　　　　　120쪽

**01** 1 メロン 멜론　　2 ボール 공
3 レストラン 식당

**02** リボンが つけている ドレスと
イヤリング

**03** 1 (リズム/ルズム) 리듬
2 (マイス/ライス) 밥
3 (ウイン/ワイン) 와인

탁음/반탁음/요음　　　　142~143쪽

**01**
1 グ
2 ビ
3 ポ
4 チョ
5 ビュ

ビル 빌딩, 건물
サングラス 선글라스
インタビュー 인터뷰
チョコレート 초콜릿
ポスト 우체통

**02** 1 ドア 문　　　　2 ジュース 주스
3 ダンス 댄스, 춤

**03** 1 キュ [큐]　　　2 ゲ [게]
3 ピョ [표]

**04** 1 (キャンプ/キュンプ) 캠핑

2 (ヒス/バス) 버스

3 (ピアノ/ゼアノ) 피아노

**05** ベージュいろの ジャケットと シャツを
かいました。

**06** 1 ジャム 잼　　　2 ギター 기타

3 パン 빵